打开天窗 说亮话

洞见

INSIGHT

FANS
ARE
POWERFUL

粉丝力量大

张嫱 著

中国人民大学出版社
·北京·

目录

4 粉丝是门好生意

5 粉丝新势力

6 我迷故我在

序一　粉丝小百科

迷与偶像是人类社会发展过程中的一个重要现象。政治家与拥护者、艺术家与欣赏者、企业家与崇拜者在一定程度上都是迷与偶像的关系。偶像和追随者是互为依存的统一体，大众需要偶像，所以偶像应运而生；偶像需要关注，所以追随者（或称“粉丝”）得以壮大。历来为偶像立传者众，为粉丝写书者寡。张嫱有在海内外媒体长时间的工作经验，以及美国和中国大学严格而系统的求学经历，在经过认真思考后，将粉丝作为自己的博士论文研究对象，并进而拓展成一部研究著作，其志可感，其识可赞。

偶像对粉丝的影响力，人所共见；粉丝对偶像的作用力，是张嫱的独特视角。由粉丝与偶像的关系出发，张嫱逐步深入，从众多人所共见的现象中发现规律，提炼模式，从而将对粉丝的研究拓展至更广阔的领域。在书中我们可以看到演艺明星、体育明星、企业明星、Kitty猫、可口可乐等不同类型的偶像们对粉丝的吸引力；又可以发现粉丝们以及粉丝现象所产生的影响力、凝聚力、号召力、放大效应、传播效果。此外，张嫱的书还进一步把我们引入关于粉丝生理学、粉丝心理学、粉丝社会学、粉丝传播学、粉丝经济学、粉丝文化学等不同学科背景的观察与思考。这本书在为读者描述和解释粉丝现象的同时，不失为一本关于粉丝的小百科全书。

粉丝是一个复杂的社会现象，张嫱的研究是一个很好的开始。我们期待张嫱这本书能引起更多人对粉丝现象的关注。

是为序。

熊澄宇

清华大学国家文化产业研究中心主任，清华大学新闻与传播学院教授、博导

序二　粉丝为何力量大？

把玩中国词语已变为一种智慧娱乐甚至艺术时尚了。原本是一句平实的传统中国话，发音照旧但字义全变。不过变得精彩，变得智慧，变得叫人大惊大喜，拍案叫绝。这是网络世纪的一大风景。

新世纪新媒体产生新词汇，"粉丝"就是一例，横空出世立刻风靡，也不知谁是始作俑者，把个老上海最典型的一道菜"油豆腐粉丝汤"中的粉丝，变成英语中最常用的那个迷人词汇 Fans 的中文官方代理，居然那么快就被国人接受！我记得以前在香港，有人曾把 Fans 译为"饭屎"，搞笑得很爽快，但显然没有被"拥趸"们理睬，他们想为自己找到一个美好的谐音，以满足于这个越来越有势力的社会群体。后来选中了"粉丝"，细细的软软的温温馨馨的，大受欢迎，老少皆宜，于是朝野达成共识。接下来就轮到媒体搞手们玩耍了。

自从 2005 年湖南卫视的超女一炮而红，粉丝顿时成为许多新闻事件的主角。狂粉新势力横扫全国。"粉丝"不但是全球化中的一种现象，在泱泱中国更

摄影/乡有人

被造成一种文化模式，当然也成为一种经济发展动力，成为媒体、人文观察与研究者们追踪的目标。

我们在跑新闻中常见到在机场或演唱会现场苦苦守候的粉丝，他们不吃不喝，只为见偶像一面；我们常看到沉溺电玩流连网吧的青少年，他们痴迷到荒废学业六亲不认；我们采访过排长队购买知名品牌产品的粉丝，他们只是微笑而不回答问题。

粉丝对偶像疯狂的热情与崇拜，成为当代社会汹涌澎湃的一股潮流，潮流深处的涌动之源让人费解，那么我们的探究触角也应该更深入一些。

摄影/梁永光

我的朋友张嫱就担当起这份工作来，她的《粉丝力量大》是国内第一部写粉丝的著作，从粉丝出现谈起，层层分析粉丝追星背后的动机与意义，进而延伸到创意社会品牌打造经营手段，笔法通俗深入浅出。

张嫱为何把粉丝作为研究对象？我想这不仅仅是她博士论文的选题，也有她个性因素使然。我和她在 1997 年回归前夕的香港认识，作为多年同事兼好友，她的外表在我看来就很“粉丝”：细细的高高的，言语温温软软的粉丝兮兮的。据我的观察，她也是某类人的粉丝，她对于一些政治家思想家特别是某些叛逆独行侠情有独钟，所以她不像多数女孩子那样流转于粉黛情事中，倒是在国际新闻媒体工作多年后，由台北到香港到北京，走上媒体研究专家之路。她的性格中固然有粉丝的柔软，更有粉丝的执著。

张嫱以娴熟的英文能力，广泛涉猎国际著作，结合西方理论与中国实践，多次在国际学术会议及期刊发表英文论文，这本《粉丝力量大》也是一本认真的学术成果。当然，虽然以文化研究的学术理论为脉络，却引用许多国内外粉丝故事，既丰富了内容又活用了理论，在为这本书赋予学术的深度与国际化的广度之际，让读者并不感到学术的枯燥。

吕宁思
凤凰卫视信息台副台长，《总编辑时间》主持人

序三　偶像崇拜与粉丝力量

张嫱把这本书定名为《粉丝力量大》，来阐述娱乐行业里粉丝和偶像的关系。受其信任，嘱我为其作序，诚惶诚恐之下，不由地常常思考，粉丝在娱乐行业里到底力量大在哪里？

从 2005 年开始做“粉丝网”到现在为止已经五年，我常常问自己两个问题：娱乐行业的本质是什么？粉丝在娱乐产业链里，到底扮演什么样的角色和功能？

可以下个断言，娱乐行业的核心价值就是制造大流行。制造流行的核心体现就是偶像制造，可以说，娱乐的本质就是偶像制造，只有制造出大流行，只有制造出大偶像，娱乐从业者和投资人才能得到最大的投资回报，才能获得超额利润与爆炸性收入。

所以，偶像制造是娱乐产业链的核心价值，只有形成巨大的粉丝消费群体，娱乐制造的商业价值才会最终得到体现，只有形成规模的粉丝群体，才会形成口耳相传与媒体关注的传播价值，娱乐制造才会形成旋涡效应，才会变成流行和时尚。

美特斯·邦威提供

粉丝制造偶像并制造流行

什么是粉丝？从我的理解看，粉丝就是对于某种目标（人或物）拥有喜欢、关注、信仰等情绪，并愿意付出成本（时间、金钱等）的人。某种程度上说，粉丝是对某种目标具有精神信仰与精神服从的人，信任并愿意奉献。

娱乐行业的偶像崇拜，实际上就是巨大的粉丝人群对某个艺人保持强势的关注，发自内心的喜欢，并愿意消费其作品和关联产品的娱乐终端消费者。粉丝制造偶像并消费偶像，他们通过自己的价值观来选择适合他们的偶像。从娱乐的表象上看，娱乐机构（比如经纪公司）制造了偶像，而且也是最终的商业受益者。但实际上，偶像是由粉丝选择出来的。所有成为流行的偶像，其产品设计本身（形象和定位）是由以下五个普适性的价值构成的，即社会价值、性格价值、审美价值、信仰价值、心灵价值。

任何一个偶像都会把自己这些价值传递到最终消费群体，消费者会根据自己的价值体系来选择适合自己的偶像和作品，选择的人多了，就会形成偶像。比如英俊就是容易被女性粉丝关注的审美价值，有爱心并关注公益就是很多有责任心的粉丝容易接受的社会价值，面对困难和挫折勇于面对并努力去克服就是性格价值，而充满忧郁和感伤的作品就容易打动粉丝的心灵，就会钻入受众敏感的心灵，进而形成信仰价值。众多的粉丝选择了和他们价值体系更吻合的艺人，选择的人多了，这个艺人就成为了偶像。

中国的娱乐行业，现在其实是属于无意识造星状态，某个艺人或者作品能红或者能流行，很多时候是靠撞大运，而非精心的市场操作行为。但在欧美日韩等娱乐行业成熟的娱乐体系里，任何一个偶像的制造过程，都是一个严格控制的产品生产流程。从前期的目标人群设定、定位与产品特征，到后期的宣传、作品制造、形象塑造都有精细的要求和规定。而在中国，这种严谨的偶像制造流程还处在一个初期状态，只有少部分有远见的公司才开始这种尝试。

过去很多粉丝是无意识地选择自己喜欢的偶像，但从湖南卫视的《超级女声》开始，中国的粉丝群体，才在真正意义上进入了偶像制造的环节里，并扮演最终评判者与最后决定者的角色。直到这个时候，大家才发现，偶像其实是由粉丝制造出来的，并决定了偶像的最后价值。张嫱的《粉丝力量大》一书，引进欧美 30 年来的粉丝研究理论，探讨国内粉丝现象，阐述偶像与粉丝一体两面的架构，为中国粉丝文化研究提出思考的起点。

偶像都是明星，但明星并不一定是偶像

明星和偶像是有区别的，偶像是明星的升级进化版，甚至可以说是终极版本，是站在娱乐制造金字塔的顶端。

摄影/乡有人

为什么说，偶像都是明星，但明星并不一定是偶像呢？两个核心要素，决定明星和偶像的区别。所谓偶像，是由两个核心要素构成，第一是具有广泛的知名度，第二是拥有广泛的并转化成消费力的粉丝人群。前者具有极高的传播度，而后者则是组织体系和信仰基础。比如周杰伦，他在华人圈里具有极高的知名度，最重要的是他拥有极为广泛和巨大的粉丝人群，所以他的市场价值极高。他的歌曲有人消费，他的代言产品被粉丝相信并愿意购买，他演的任何一个电影，粉丝都愿意观看。

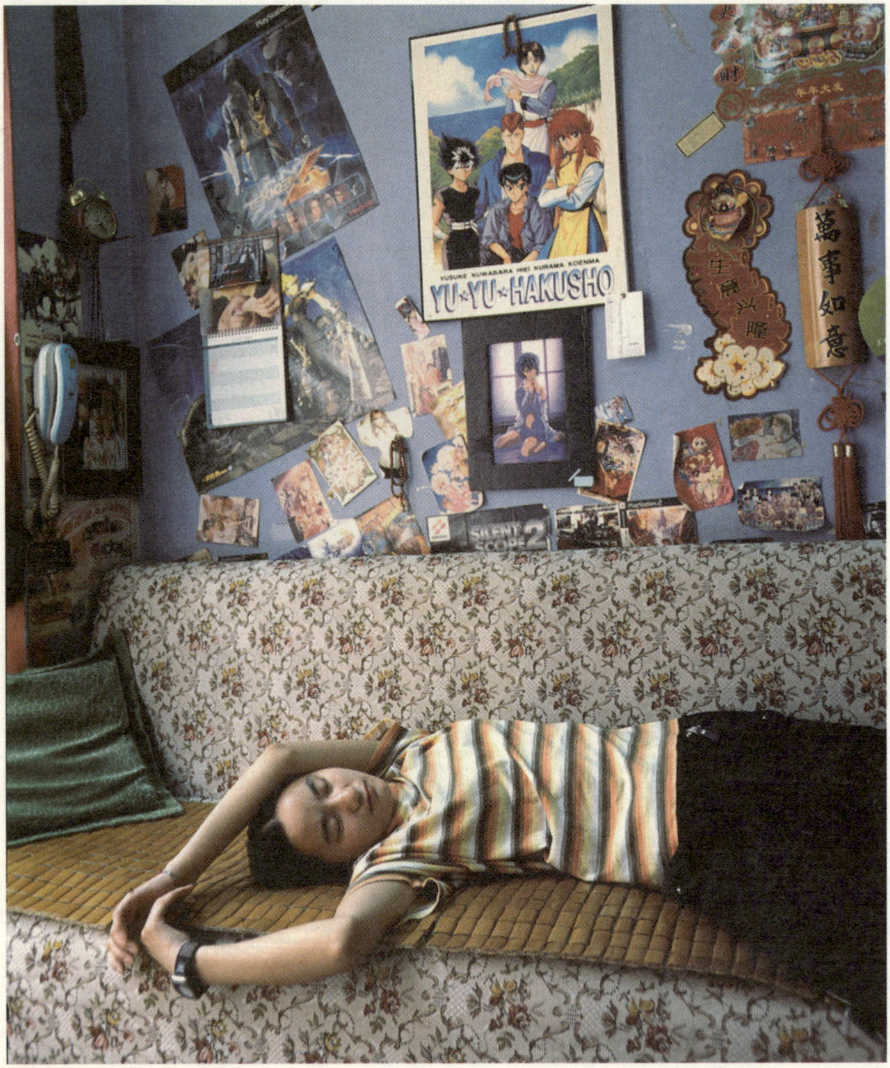
YUSUKE KUWABARA HIEI KURAMA KOENMA
YU☆YU☆HAKUSHO
SILENT SCOPE 2
萬事如意

■ 摄影/梁永光

对于大多数艺人来说，传播是一种必需的生存手段，只有通过媒体的传播，才能形成知名度。但广泛的传播与知名度并不一定能帮助其建立具有信仰基础的粉丝人群。其原因很简单,大部分的消费群体没有认可其表现出来的价值体系(社会价值、性格价值、审美价值、信仰价值、心灵价值)。没有认可就不会有选择，没有选择就不会有庞大的粉丝人群，没有粉丝人群，就意味着这个艺人只是具有一定知名度的名人，很难变成真正意义上的偶像。

粉丝决定偶像价值

那么粉丝在娱乐产业链里到底扮演什么样的角色和功能呢？张嫱在这本书中提出情绪资本概念，指出明星价值其实是由粉丝决定的。粉丝的需要就代表着市场的原始冲动和欲望，愿意消费这个欲望的人群越多，偶像的时间和成本的稀缺程度就越高；稀缺程度越高，偶像具有的情绪资本越高，明星的价值就会越高。

粉丝是娱乐产业链条里的最终端消费者，同时他们又是大流行制造和偶像制造的直接参与者。在娱乐行业的价值体系里，粉丝的角色扮演是多层次、多属性的。粉丝的情绪资本，决定娱乐产品的价值。情绪资本的提出，是这本书很重要的观点。

从传播和知名度的方向看，粉丝是最初流行的传播源头，也是形成传播爆炸点的直接参与人群，只有他们的加入和二次传播，才会引发娱乐和时尚的大流行。在某个作品和艺人的前期制造过程，粉丝是作品和艺人的第一接触人群，也是我们通常意义上的核心粉丝，他们被艺人和作品征服后，就会自发变成“布道

摄影/梁永光

者”，来传播并扩散作品和艺人，让更多的人关注并传播，形成最初的传播途径，并引发大众的广泛传播。核心粉丝引领追星风潮，是决定偶像成名的关键群体。

从商业消费的角度看，他们是最终的市场消费者，娱乐行业的所有价值都通过他们的消费和购买才会产生终极的商业价值。在娱乐的产业链条里，所有的电影、音乐、电视剧、话剧等艺术形式，所有参与制造艺术形式的人（无论是明星还是普通娱乐从业者），都是供粉丝消费的产品。粉丝因为喜欢这个明星才会去关注明星拍的广告，去买他代言的产品，因为喜欢某个偶像，才会去购买他主演电影的电影票。

粉丝的消费决定了所有娱乐产品（艺人和作品）的最终价值，粉丝的情绪资本影响其价值的大小，反映在市场环境里，其实就决定着艺人的出场费、电影的票房、电视剧的收视率、广告代言的营销效果。

因为有粉丝，才有市场化的娱乐行业，才会有偶像，才会有流行，这就是粉丝的力量，至于他的力量到底有多大？很简单，看完这本书的最后一个字，称一下自己的内心里涌动的信仰，就会知道他的力量有多大了！

是为序

王吉鹏

粉丝网创始人、首席执行官

摄影／乡有人

台湾中视提供

FANS

前言

欢迎来到粉丝年代

在阅读本书以前，请你不妨先回答这个问题：

下列哪一个选项，可以称为**粉丝**？

1．平时喜欢喝可口可乐，如果没有可口可乐只好改喝雪碧或百事可乐。
2．只用苹果电脑产品，对新出款式的功能一定了如指掌。
3．对周杰伦或王力宏的歌没有特别喜欢，但如果听到了也能跟着哼上几句。
4．疯狂追星多年，就算倾家荡产也要亲眼见一面偶像。

答案1

喜欢喝可口可乐就是可乐迷，如果没有可口可乐只好改喝其他产品也是没有办法的。粉丝重复消费同一种产品，过度与重复是粉丝的特色。选择喝可口可乐不是一时兴起的消费行为，是一种认同，是一种习惯，更是一种生活态度的表现。

答案2

标准的苹果迷。但是为什么苹果迷如此死忠呢？请你继续阅读本书。

答案3

能跟着哼上几句周杰伦或王力宏的歌就是听过他们的歌，而且在脑海中留下了印象。周杰伦或王力宏的歌反映时代潮流，引起大家的共鸣，虽然你不一定特别喜欢他们，但是流行音乐的感染力在你身上留下了痕迹。你在商场购物时，在众多功能价格都差不多的产品中，很可能就会选择他们代言的产品，你在不知不觉中成就了庞大的粉丝经济。

答案4

疯狂追星的人幻想与偶像间有特殊的关系，不但渴望占有偶像并长期付诸行动，为偶像倾家荡产或自杀或杀人都不是正常人的行为，这样的不正常心态属于狂热者，不是我们这里所讨论的粉丝。

是的，除了 4 以外，以上 1 到 3 都是广义的粉丝，也就是我和你。

粉丝，是偶像与明星的权力来源，是 Hello Kitty、贝克汉姆、还有姚明的身价指数。没有粉丝，哪来偶像？镜头的焦点永远是偶像，但为偶像明星默默付出的粉丝才成就了今天的偶像。闪烁不停的镁光灯，加上红地毯旁疯狂尖叫的粉丝堆砌了偶像的高人气，媒体加上粉丝，建构了庞大的名人产业，成就了崛起中的粉丝经济。

从古到今为名人写书立传的比比皆是，但却从来没有一本为粉丝写的书，这本书是国内第一本写给粉丝的书。无论你是谁的粉，欢迎来到粉丝年代！

一起成为粉丝吧！

其实，我们每个人一生中都曾经是某种程度的粉丝，我们购买名牌，我们穿着时尚，我们关注国际新闻明星八卦，我们选择加入某个团体，我们偶尔哼上几句京戏或周杰伦，我们看球赛时情绪激动，我们搜集古董或炒股，我们内心都是粉丝！

在越来越功利的社会中，我们不断追求名与利，我们变得越来越急功近利。我们年纪大了，朋友少了，我们对人性失望，我们懒得去爱，我们深陷于寂寞中，我们忘记心中有爱。

我们每个人都是一座孤岛，偶像是连接我们的桥梁。我们在偶像的故事中流下自己的眼泪，勾起心底一丝伤感与尘封的记忆。

我们渴望一个温暖的眼神、一声亲切的问候，我们渴望被爱被拥抱。我们的情感和欲望，难以以理性探索，但就是这心底的情绪和骨子里的欲望，支配了我们的消费行为。我们不断在真实与虚拟空间中寻找心灵寄托，我们不小心在转角遇到爱，在偶像与品牌上找到认同。消费中的欲望流动，以偶像为坐标。

我们每个人一生中都是某种程度的粉丝（摄影/乡有人）

写粉丝，要回归人性原点，从我们心底深处的情感与欲望出发。探索粉丝，其实是以粉丝为线索，试图解答隐藏在粉丝现象背后的时代意义，解析当代社会流行文化，试图与社会潮流相呼应。

全球金融危机爆发后，确定了以大规模生产为主的制造业已经过时，以人的情感为基础的风格社会成型，消费者追求有品位有设计有态度的个性产品，创意与感动是让消费者化心动为行动的关键。企业制胜的契机在于找到引起消费者情感共鸣的产品竞争力，找到躲藏在虚拟与现实空间中的忠诚粉丝，找到偶像与品牌的核心价值。

网络彻底改变我们的消费行为，粉丝不再单枪匹马地追星，网络加上手机，粉丝如虎添翼，形成力量庞大的追星族，粉丝特有的忠诚重复消费行为，成为企业及商家必争的优质消费者。品牌与偶像结合，建立庞大的粉丝经济。

“老虎”伍兹（Tiger Woods）的绯闻，写下粉丝经济最佳案例。据美国学者研究，伍兹的绯闻，造成他所代言的公司包括耐克（Nike）的股价下跌，带来总计超过120亿美元的损失。伍兹一长串的情妇名单，更成为2009年底全球的共同话题。名人产业是这个世纪的新艺术形式，名人的绯闻八卦永不停歇，我们天天收看这个全球真人秀。

摄影/梁永光

本书以粉丝为切入点，从古到今，从中国到全球，带领读者进行一趟粉丝文化深度之旅。本书内容出自四年来与无数粉丝的互动，数百个小时的研究和讨论，采访地点从长沙湖南卫视到台北星光大道录影现场、香港设计中心、美国波士顿麻省理工学院，这些全都为了一个目标——帮助大家做好准备，一起面对创意社会粉丝崛起潮流。让我们一起拥抱粉丝热情与商机，让我们一起成为粉丝吧！

本书内容分为六章，前两章叙述偶像崇拜与粉丝文化的形成，从文化研究的历史背景与科技变迁铺陈粉丝崛起脉络。接下来探索粉丝经济，解密明星制与名人产业，从粉丝对偶像与品牌的热爱阐述粉丝商机，帮助你成功运用粉丝方程式提升品牌竞争力。最后让我们一起来解读粉丝潮流，分析后现代社会中的粉丝现象，解答创意社会中粉丝崛起的社会意义。

这本书将颠覆你对粉丝疯狂追星的负面印象，带你享受解密粉丝基因的乐趣。无论你是从哪个角度来读这本书，是看热闹，还是看门道，还是要探索粉丝真谛，研究粉丝这门好生意，粉丝年代，谁能自外？

粉丝宣言

偶像是青少年探索自我同一性，融入社会的重要媒介，帮助青少年在青春期避免易出现的角色混乱，保持心理平衡……就青少年时期的心理变化而言，偶像崇拜可以是青少年自我确认的重要手段。

——香港城市大学　岳晓东博士

超级星光大道节目录影现场（台湾中视提供）

粉丝是民众中最具辨识力、最挑剔的群体，粉丝们生产的文化资本也是所有文化资本中最发达、最显眼的。

——美国传播学受众研究学者　约翰·费斯克（John Fiske）

粉丝文化研究本质上是观众（消费者）研究的一种（粉丝就是消费者中的所谓“狂热分子”、“过度的消费者”）。

——首都师范大学教授，文化研究学者　陶东风

迷就是一种生活方式。

——来自西藏的粉丝　Nostalgia

互联网上的参与文化形成的最重要一部分，就是粉丝让所有作品都为人所知，他们寻找各种不同类型的作品，寻找同好，然后把它们传播给全世界。

——美国流行文化研究学者　亨利·詹金斯（Henry Jenkins）

玉米之所以是玉米，因为他们从春春身上看到了自己。老人看到了年轻时的自己，年轻人看到了自己的梦想，自己的动力，小孩看到了未来的目标。

——李宇春的粉丝　只要小葱幸福

书写“粉丝”的历史就是在书写生命的历史。不管是狂热的幻想，还是挚爱的怀旧，这些都是个体生命的自我演绎形式，是打造我们集体身份的真实情绪！

——英国威斯敏斯特大学传播研究所研究员　郭大为

迷是在某段时间内，特别为媒体内容的某些特质吸引，并有相当程度认同与涉入的阅听人。

——台湾传媒研究学者　简妙如

粉丝是社会活力的标志，是文化金融工作者寻找的目标。

——北京大学文化产业研究院研究员　喻文益

有时候觉得饭（fan）一个偶像就像谈一场恋爱，或是养育一个小孩。用什么方式去谈这场恋爱，用什么方式去教育，是一门艺术吧！饭一个偶像应该是一件开心的事情，他（她）身上拥有粉丝们向往的一个东西，他（她）成就了我们的梦。

——上海粉丝　Luludoll

粉丝是理想主义者和现实主义者的中间态，或者是一个人理想主义情怀和现实主义行为的“填缝剂”、“润滑剂”。粉丝之所以成为文化现象，其主要根由之一是每个人心中都有一份基于本位现世对未达理想的投射。粉丝是粉红色的，就像我们十六七岁时的粉红色回忆一样，是从青涩走向熟红的必由阶段。在一个娱乐文化时代，粉丝又像是粉底，在一切亮彩的下面，却失之不可，亮彩属于明星，粉丝则是这个时代妆容的第一步。没有一个健康健全的粉丝世界，就没有彻底发达的娱乐世界。

——媒体评论人，《东西南北》杂志执行主编　王奎龙

台湾麦当劳与Kitty联手推出Kitty35周年活动（摄影/乡有人）

我爱周星驰！愿我们的正面能量能努力投射到你身边，我们真心希望你能够陪我们到世界末日啊！

——香港明星　曾宝仪

在全球化的消费主义浪潮中，粉丝是有着狂热激情的消费者，是新的品牌拜物教的拥趸。此时，品牌忠诚度已经有些老旧，品牌狂热度才是那些有着超强创新能力的企业要竭力塑造的。

——《IT 经理世界》杂志社副总编贺志刚

在当今体验消费兴盛的时代，能否产生消费者情绪的共鸣，是产品竞争力的重要关键。

——台湾东吴大学社会学系学者　刘维公

粉丝的前世是被动的受众，是“面孔模糊的，被动接受媒介内容的乌合之众”。粉丝的今生是“媒介无所不在的环境中主动出击寻找内容的阅听人”。

1 粉丝的前世今生

爱　因为在心中

当我睁开双眼每一天
都会记得大家的笑脸
明白心中勇敢又多了一点

每个人都拥有一个梦
即使彼此不相同
能够与你分享
无论失败成功都会感动
爱因为在心中
平凡而不平庸

王力宏2009年北京演唱会前聚集的宏迷们（摄影/乡有人）

《爱　因为在心中》这首歌是王力宏28岁生日时，他的歌迷送给他的生日礼物，这首歌由宏迷们一起创作填词，在北京的录音棚由28个歌迷一起录制完成。来自王力宏《OUR HOME》粉丝网站的成员妙苗、修罗、忧郁之蓝还有可爱的小南瓜，一起写歌一起合唱，为祝福王力宏生日准备了这个独特的礼物。

王力宏在他2005年的专辑《盖世英雄》中了收录这首歌，保留了粉丝妙苗、修罗、忧郁之蓝的歌声，只加上自己的背景合声，歌迷与偶像通力合作，粉丝成为这首歌的主旋律，爱，因为在心中。

《盖世英雄》果然不是盖的，专辑推出几周后销售量突破100万张，2006年在台北小巨蛋的演出还创下门票全部售罄的销售佳绩。2009 年王力宏“Music Man”阔别五年后在北京登台，工人体育场的入座率达九成，现场观众五万人。王力宏准备了许多情歌，跟粉丝们掀起一轮又一轮的大合唱。

我们每个人心中都有梦，偶像就是我们的梦在现实世界中的具体呈现。我们在偶像身上看见希望、看见理想，我们在人海中寻寻觅觅，在偶像身上找到爱，找到心灵寄托。

粉丝主动追星，跨越虚拟与真实空间寻找偶像。粉丝不再是大众传播时代下懒惰的沙发上的土豆。网络彻底改变我们的媒介使用行为，“受众”不再是“被动接受内容的、面孔模糊的乌合之众”，而是主动消费与生产媒介内容的“生产消费者”。粉丝是其中最积极主动的一群，王力宏的粉丝——妙苗、修罗或忧郁之蓝就是最佳例子。我们放下电视遥控器，在网络上写博客写豆瓣日记写饭否，天天挂在 QQ 或 MSN 上，我们在虚拟空间中和陌生人分享私密心情，我们自拍或被拍，你和我，都是今天 Web2.0 时代的主角。

粉丝穿越古今

《晋书·卫玠传》：京师人士闻其姿容，观者如堵。玠劳疾遂甚，永嘉六年卒，时年二十七，时人谓玠被看杀。

1 700 多年前的晋人卫玠，小时候是个神童，琴棋书画，写诗赋词，样样精通，长大了一表人才，风度翩翩。《世说新语》说他“风神秀逸、身体羸弱”。帅哥卫玠喜欢坐着山羊拉的车出门，白色的山羊搭配卫玠姣好的皮肤，常吸引大批群众围观，爱慕者还追着山羊车送来鲜花水果。卫玠不堪负荷，积劳成疾，27 岁就憔悴而死。因此有成语“看杀卫玠”，比喻为群众所仰慕的人。

追星现象，原来在公元265年到420年的中国晋朝就已经存在。古有卫玠，今有周杰伦。要看周杰伦，现代粉丝不需舟车劳顿，就能在电视上网络上一睹偶像

粉丝在中国历史悠久，京剧迷遍布海内外（摄影/梁永光）

风采；偶像还有经纪人和公关公司打理行程，分忧解劳，粉丝也会体贴偶像，不会让偶像年纪轻轻就累死。

粉丝在中国历史悠久，在过去旧时代，不少著名的京剧演员广受欢迎，许多王公贵族一掷千金捧场给喜爱的角儿，传为佳话。京剧迷百年来遍布海内外，北京长安大剧院、国家大剧院门前更常见掷重金买票看戏的票友和戏迷。

华人电影明星李小龙、还有 20 世纪 60 年代红遍亚洲的黄梅调电影《梁山伯与祝英台》，都制造了华人世界耳熟能详的追星现象。由凌波和乐蒂主演、李翰祥执导的《梁山伯与祝英台》，1963年首映时轰动全亚洲，在香港连续上映了186天，还有影迷看了112次。凌波和乐蒂巡回登台，到了台湾更造成万人空巷，激动的老太太粉丝将身上的玉镯、金饰扔上台。她们疯狂的行为，其实跟今天的周杰伦、F4、韩国偶像Rain、裴勇俊、东方神起的粉丝，还有哈韩族、哈日族没有什么区别！

欧美的粉丝现象，从文艺复兴到维多利亚时代都普遍存在。当时欧洲贵族喜欢供养作家、画家或诗人，著名的歌剧演员和艺术家也有许多追随者和金主，这些名流及贵族喜欢在家里举办沙龙聚会，大家都争相邀请知名的艺术家、作家或诗人来为活动增光。

14世纪在文艺复兴的发源地意大利，著名的文艺复兴巨匠达·芬奇就有许多追捧者。达·芬奇经常受皇室贵族邀请创作，例如一位意大利公爵卢杜维克就以身为达·芬奇的金主而名留后世，达·芬奇一幅著名的画《抱白貂的女子》，据说就是为这位公爵最喜爱的情妇画的。达·芬奇晚年被法兰西国王弗朗索瓦一世聘为宫廷画家，谣传他临终时是在这位法国国王怀里过世的。许多达·芬奇的画，包括他最著名的《蒙娜丽莎》，最后都留在法国了。

到了18世纪，有一些文学作品吸引读者到书中提到的地方参观，读者也会写信给喜欢的作家表达爱慕之意。作家与读者的关系向来错综复杂，被《纽约时报》誉为“恐怖小说大师”的美国作家斯蒂芬·金，数十年来他的小说总是名列美国畅销书排行榜，他的作品更是好莱坞电影制片商的抢手货。他有一部小说题材十分特别，描写了书迷与崇拜的作家间微妙的关系。

这部惊悚小说国内译为《一号书迷》(*Misery*),1990 年改编成电影《危情十日》,内容是一个著名罗曼史系列小说家出了车祸，刚好被他的书迷救出，但是当这位头号书迷发现这位作家打算结束系列小说，书中主角将死亡后，愤而强迫作者改变结局将主角重生。饰演书迷的卡西·贝兹还获得了奥斯卡最佳女主角奖。书中这位疯狂女书迷打算杀了作家后自杀，最后作家逃了出来。写这部小说时斯蒂芬·金已经成名，相信他经常接到不少粉丝来信，引发灵感而写了这个故事。

流行音乐之王的迈克尔·杰克逊2009年中过世后，全球粉丝掀起追悼狂潮，杰克逊的专辑立刻全球热销，美国亚马逊网站上前50首下载的曲子，三分之一是杰克逊的；欧洲乐坛排行榜前十名中，杰克逊就占了7名，第一名是刚庆祝发行25周年的《颤栗》（*Thriller*）。没想到被新闻界遗忘已久的杰克逊在大家心目中地位屹立不倒。这样的现象还曾发生在猫王以及美国流行歌手弗兰克·西特拉过世后。

杰克逊过世那天，粉丝说是音乐史上最黑暗的一天。那一天全世界为之停摆，大家纷纷上网查杰克逊的消息，由于事发突然，上网人数爆增，谷歌（Google）以为发生黑客攻击，新闻页有整整 25 分钟当机，美国时代华纳的 AOL 邮箱也停了 40 分钟，维基百科也因为流量太大而不得不暂时关掉杰克逊这个条目。全球各大网站都面临前所未见的超大流量，谷歌面临史上最大的手机上网搜查量。杰克逊的音乐伴随着我们成长，如同黛安娜王妃过世一般，巨星陨落，我们都感同身受，那天我们的生活暂停，我们都有一种失落感。

杰克逊过世后，粉丝以鲜花和泰迪熊在英国伦敦悼念他，祝他踏着月球舞步上天堂（摄影/Ian Kirk）

在英国伦敦，杰克逊走了后那个周末，大家自发聚集到市中心杰克逊原本预计表演的场地外，粉丝们以鲜花、泰迪熊、照片还有留言纪念杰克逊，一位粉丝在自制的卡片上说："希望杰克逊踏着月球漫步的舞步上天堂！"

这些疯狂的行为也许让人费解，但是回想一下，你是否在 15 岁时暗恋班上哪个同学或老师呢？ 25 岁时，是否因为喜欢哪个明星，在房间里贴上偶像的海报呢？ 35 岁时，你是否迷恋某个体育项目或股票或某款型号的车或某个品牌的产品呢？ 45 岁时，你是否搭着飞机追着罗大佑去听他的演唱会呢？

事实上，我们都可能在某一时刻对某一事或某一人入迷，“迷”并非是积极主动的“入迷”，入迷没有标准，我们如果在某一时期对某事或某人比较着迷，我们就是粉丝。每个人一生中，或多或少都曾经是某种程度的粉丝。粉丝是过度的消费者，和一般人没有什么不同，只是程度不同而已。

从古至今，我们每个人心中都有所爱，爱上的是一个人或一首歌或一本书或一种爱好，只是程度轻重不同、方式不同、时间长短不同而已。粉丝，其实来自我们内心。我们在偶像身上看见自己，找到归属感，满足心中的热情。在急速变迁的社会中，人们寂寞的心灵想要找到寄托，我们希望为生活创造意义、满足自我、实践自我的需求。

王力宏2009年北京演唱会（摄影/乡有人）

迷啊！谜

英语 fans 一词最早形成于 19 世纪末左右，是由 fancy 或 fanatic，也就是“喜欢”一字缩减而来，最早是用来形容狂热的棒球队支持者。“粉丝”或“狂热者”除了表示强烈的爱好之外，有时也会带有一种贬意，暗指这些人对于所喜好事物的一种非理性、不加思考的赞美和支持。

传播学研究中将粉丝称为“迷”，英文是 fans，原来指宗教的仆人或奉献者，后来引申为过度崇拜之意，在英文中做名词使用。迷有各种不同的迷，有古董迷、F1 赛车迷、体育迷、股票迷、麻将迷还有偶像迷。

迷研究权威学者，美国流行文化研究学者亨利 · 詹金斯（Henry Jenkins）说迷是“狂热地介入球类、商业或娱乐活动，迷恋、仰慕或崇拜影视歌星或运动明星的人”。粉丝喜欢与朋友分享观看或阅读心得，并且加入共享同样兴趣的社区。这些粉丝将媒介消费行为转化为文化活动的形式。

传播学对迷的普遍定义是“固定地、有规律地、情绪性地投入一个流行故事或文本内容”。文本内容来自书本、电视剧、电影或音乐的形式，或者是体育或流行符号。粉丝固定地、情绪性地消费所有与亚文化（subuclture)有关的媒介文本，使用消费这些文本的受众就是粉丝。

台湾娱乐界首先将追星族称为“粉丝”，一般认为是追随、喜爱某一特定明星、偶像的族群。“追星族”一词以前多用，“粉丝”最近比较常见。中文维基百科对“粉丝”的解释是一般食用的粉丝，所以我们只好看对“爱好者”的解释。“爱好者，是指对于某些体育俱乐部、人物、团体、公司、产品、艺术品、信念或流行趋势抱有极度、无法抑制的喜爱与支持的人。独特事物的爱好者一般会设立自己的爱好者区域。他们会开办爱好者俱乐部、举办X迷会、创办爱好者杂志、写X迷信或参与类似的活动。而爱好者所喜欢的人物通常称为偶像。”

有时我们可以在报章杂志上看到“拥趸”一词。“趸”读音（dǔn)，商务印书馆出版的《现代汉语词典》解释为“整批”的意思。“拥趸”最早是在港台地区使用的词语，指拥护某种事物的人，尤其用来指影星、歌星、球星等的崇拜者、支持者。亦有人认为“拥趸”是英语“fans”的意译。

在过去网络未普及时，粉丝只能以面对面的歌友会或演唱会等传统方式表达对偶像的热爱。在网络发达的今天，粉丝跨越真实与虚空间，寻觅偶像的身影，在偶像身上找到认同与暂时的愉悦。但是媒介机构与企业看准了粉丝对偶像的忠诚与喜爱，借此吸引眼球，创造商机。

偶像崇拜与追星行为，在20个世纪中叶开始进入欧美传播学研究领域，传播学者特别关注粉丝的积极主动性，粉丝对偶像又爱又恨的情结，被认为是受众研究中最复杂的一部分。迷研究于90年代初逐渐成为受众研究的焦点。从星际大战电影到罗曼史小说，学界注意到主动受众中最积极的群体——粉丝。这些学术研究对粉丝有正面的肯定，认为粉丝不是被动、被媒体操弄的盲目受众，而是可以主动创造意义和文本内容的主动消费者。粉丝主动寻找偶像与品牌的消费行为，受到营销学与传播学者的关注。

入迷每个人程度不同，没有标准答案（摄影/乡有人）

迷有各种不同的迷，有古董迷、赛场迷或麻将迷（摄影/梁永光）

我们可以以消费者对偶像与品牌认同度由低到高作为指标，分为以下几类：

普通消费者——粉丝——信徒——狂热者

普通消费者对偶像对品牌虽各有不同感受，但一般而言都没有特别的情感投入。举例来说，如果出于当时的方便喝可口可乐而不是百事可乐，那就是普通消费者；但是如果习惯喝可口可乐，不得已才喝百事可乐，那就算是可口可乐的粉丝了；如果大量长期搜集所有可能得到的可口可乐周边产品，天天必喝可口可乐，逢人必说可口可乐，花尽积蓄也要去美国亚特兰大可口可乐博物馆致敬，那就是可口可乐的信徒了；如果为了可口可乐而自杀或杀人，那就成为疯狂的狂热者。

狂热者不是粉丝，例如枪杀披头士乐队主唱约翰·列侬的凶手虽然是一位乐迷，但他被法院判为患有精神病而终身被监禁在医院里。这样的狂热者通常是心理不正常的精神病患者，但是狂热者的形象经过媒体报道，大大加深了一般人对粉丝的负面影响。

媒体中的粉丝印象是狂乱盲从的、病态的、心神不宁的孤独者，受媒体严重影响，并且与偶像间产生幻想般的联系，并且以行动付诸实践。他们往往是跟踪者、威胁者、杀人犯。事实上，这些狂热的粉丝毕竟属于少数案例，他们被归类为“狂热者”而非“迷”，媒体因为猎奇而大量报导，渲染了不正常粉丝的疯狂印象。可以说追刘德华追了13年的杨丽娟不是迷，她幻想与偶像间有特殊的关系，渴望占有偶像，更重要的是她还长期以行动，企图占有偶像，以生命及家庭为代价，这样的不正常心态属于狂热者，不是我们这里所讨论的粉丝。

粉丝的学术定义在于“过度性”。我们喜欢某些事物，如一首好听的歌或一本书时并不会成为或被认为是这些事物或偶像的迷，成为迷的要素是“过度性”。

例如曾经有粉丝重复看了《音乐之声》(*The Sound of Music*) 这部电影超过一百次。如果没有某种程度的“过度性”，我们并不一定会成为这些事物的“迷”。

粉丝是最主动的消费者，引领消费潮流（摄影/梁永光）

粉丝重复规律性的消费偶像文本内容，重复购买同一个品牌的产品，因此“过度”是成为迷的重点。至于什么是过度，并没有一定的标准，与自己平时相比，过度收看某一节目就是入迷。

为什么人们会入迷呢？“入迷”的指标究竟是什么？过度的消费者是粉丝，但是达到什么程度才算是“入迷”？

粉丝不是极端的狂热者，也不是孤独不善交际者。最近日本和港台流行“御宅”文化，媒体将长时间上网，玩网络游戏，大量搜集漫画，不修边幅，花大钱沉迷收藏的人视为“御宅族”，以为宅男宅女难以相处，加深了一般人对网络时代粉丝的误解。事实上，现实生活中的粉丝，很多具有高教育水平，清楚自己作为粉丝的角色，也可以条理清楚地分析自己为什么入迷，也理解企业与媒体操控粉丝的现况。

“入迷”没有指标或标准答案，每个人情况不同，没有以一赅全的通则。每个人“入迷”程度不同，“入迷”是与自己平时的日常生活习惯相比来衡量的。后现代社会没有一定的标准，每个人不同。例如从来不看电视的人，如果开始每周固定收看喜欢的电视节目一次，就可以算是“入迷”。过度性是成为粉丝的特征，

摄影/梁永光

而所谓的过度性是与自己相比较，这是传播学研究对入迷的解释。

我们首先来看人们是如何入迷，投入情感，进而加入一个群体的过程。这个过程可以分为以下四个阶段：

1. 我们感到疏离、寂寞，感觉体制内的生活乏味，我们觉得身边的人不理解自己。
2. 我们寻求理解自己、接受自己的朋友和同好，还有接纳自己的友善环境。
3. 我们找到接纳自己、认同自己的朋友和环境，他们对自己所做所为都接纳。
4. 我们主张“做自己”，找到一群同好，还有自我实践的环境，我们感到满足、安全与快乐。

人是群居动物，特别愿意与投自己所好的朋友交往。但是在社会家庭僵化的体制内，我们有时觉得自己不受理解，才能不受发挥或重视，我们觉得自己内心深处与一般人有所差异，我们感到寂寞。

我们发现自己内心的差异，我们每个人时时刻刻在寻觅理解自己的群体，一旦找到喜爱的事物与同好，我们很容易投入认同感与寄托，我们对一个事物或一个人入迷，我们选择加入一个群体，然后在群体成员彼此的互动中，正面强化入迷的程度，巩固了群体向心力。

事实上，我们每个人都与众不同，当环境不认可或不鼓励个别差异时，我们感到失落、不满足，如果一旦被某个团体接受，自己的差异性被一群独特但彼此相似的人们确认和鼓励时，那是一种解脱，令人兴奋，好像谈恋爱一样。虽然这入迷的一刻是独特的、美好的、仿佛是前世注定的，但其实这是人们的共通性，而且是天天在发生，无论是在职场上、教会、军队，还是购买某个喜欢的品牌产品的时刻。

例如使用苹果计算机者常使用苹果网站的邮箱，人们在网络往来中看到对方的邮箱地址也是苹果的，就知道对方使用苹果计算机，虽然不认识也从而产生惺惺相惜的情感。苹果计算机借由广告宣传和诉求,打着“不一样的思维”广告，创造“苹果社区”概念，将苹果迷集合于虚拟空间中的苹果社区。

粉丝入迷心态，事实上就是在茫茫人海中找到归属感，找到同好的心情。面对科技日新月异与迅速变化的市场，品牌可以针对人们寻求认同和理解的心态，还有实践自我的态度，建立品牌认同。当市场上大同小异的产品越来越多时，找到消费者情感共鸣成为企业制胜的关键。

U时代来临

新媒介终结了被动的受众，金融危机加速了新生代粉丝的崛起。科技日新月异，我们的媒介消费行为与时俱进，我们在探讨粉丝之前首先要梳理媒介景观的变迁脉络。

媒介无所不在，我们时时刻刻面对来自各种媒介的影像洪流，无所遁逃。手机铃声的召唤，楼宇电视的强迫收看，还有出租车、地铁与公交车电视的影像轰炸，广告商撒下“无所不在的媒介”这个天罗地网来捕捉我们的眼球。我们成为“移动消费者”，时时刻刻穿梭于真实与虚拟空间之间，同时使用、消费和生产媒介内容。就算没有看电视，也会有亲朋好友告知电视剧剧情的最新发展；手机铃声的召唤挡不住，手机加上相机，我们可以随时随地随心情拍照，人人是主角。

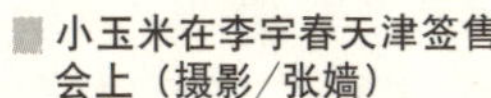

小玉米在李宇春天津签售会上（摄影/张嫱）

无所不在的媒介时代，也就是“U 时代”。“U”是 Ubiquitous，无所不在，从手机到冰箱到浴缸，所有的使用接口都将是媒体接口。你可以在办公室预设回家洗澡的水温，一旦水温达到了你的要求，浴缸还会发短信通知你，当然这个温度会一直维持到你踏入浴缸的那一刻。你的冰箱会向你报告家里还剩些什么菜，如果牛奶没了，冰箱会通知超市（而不是你）。更重要的是，智能型马桶会分析你的排泄物，并且和你的家庭医生联机，让你的健康时时刻刻受到细心的呵护。根据英国《经济学人》（*The Economist*）杂志报道，全球售出约超过 100 亿台微型处理器（CPU），它们分别安装在计算机、慢跑鞋、咖啡机、冰箱里；也就是说，这些器具都具有某种“思考”的能力，可以记录运动的速度或泡一杯完美的咖啡的技巧，这些机器很快就将联机起来，可以互相“交谈”，e 时代已经过时，U 时代宣告来临！媒介景观的变迁与科技的日新月异，改变我们使用与消费媒介行为，全面改写营销策略与传播理论。面对 U 时代，你准备好了吗？

知名美国未来学者艾伦 · 格林菲尔德（Alan Greenfield）在《无所不在的信息时代来临前的黎明》(Everyware：the Dawning Age of Ubiquitous Computing) 一书中，

粉丝主动寻找偶像，是U时代最瞩目的消费群体（摄影/张嫱）

提出了“Everyware”的概念，也就是在网络无缝联结的环境中，计算机将融入我们的生活，所有生活上的使用接口将会成为媒体接口，这样的融合既人性又完美贴身，我们甚至无法察觉计算机的存在。

艾伦说，在 U 时代，我们不再被绑在计算机前面，因为计算机随时随地就在你我的生活中。手机会随你的心情设定为忙碌或愿意接电话；如果朋友在附近 30 米内逛街，手机也会通知你；人性体贴的设计让家里或餐厅都会制造你和朋友喜欢的氛围，例如自动调暗灯光或播出你喜欢的音乐。你还可以在百度或 QQ 上找到新员工或共度一生的另一半。但是，这样美好的未来是要付出代价的，那就是：我们的隐私不再。例如，你真的希望你的另一半或朋友或老板知道你就在他们附近闲晃吗？

媒体无所不在，人人随时随地穿梭在虚拟和现实之间，网上与现实边界模糊，这就是苹果计算机创办人史蒂夫·乔布斯（Steve Jobs）内心深处的梦想。苹果计算机各种新产品的推出，都可以看到“无缝联结”的概念。但是，媒体融合于我们生活中，我们更容易忘了媒体的存在，媒体和企业更难抓到躲在虚拟空间中的消费者。

媒体平台正在裂变，媒体碎片化程度愈来愈高，人们是主动的内容生产消费者，不断生产内容，从传统媒体到互联网，还有更多的媒体终端不断加入这个战场。国际新闻通讯社美联社（Associated Press）社长汤姆·柯利（Tom Curley）在 2009 年在北京举办的世界媒体峰会上说，媒介传播的渠道已被颠覆，“今天人们从 Twitter 或 Facebook 获知突发新闻，而传统新闻通讯社还不知道发生了什么事”。这些社交媒介网站在突发重大新闻事件中，更能够发挥提高全球警觉意识以及筹备资金的重要性，例如2010年初海地发生地震以来，Twitter用户和其他社交网络用户都在利用各自网页发布灾情信息寻求经济救助。

海地音乐家怀克里夫·简（Wyclef Jean）创办名为“Yele”的慈善组织，该组织第一个透过Twitter来寻求经济支持，怀克里夫最近tweet信息（Twitter上发布的消息）：“正在等待通过多米尼加共和国的帮助前往海地”，并呼吁在美国的民众以短信方式来筹集善款，他的Twitter已达到130万人数的浏览量。

面对U时代，头痛的是传统营销专家，好不容易抓到了消费者的眼球还不等于抓到消费者的心。U时代是个让人不知所措的混乱时代。传统媒体势危，过去一个好广告通吃的美好年代已经过去，然而这也正是英雄出少年的契机。网民可以以小博大，掌握传播的渠道，轻而易举地迅速崛起。关键就在于，这是一个凭实力的年代，好内容好东西不怕没人知，网络上网民的口耳相传，粉丝的真诚推荐还有忠诚顾客的口碑，更胜于砸大钱制作的广告。

粉丝有了网络，如虎添翼发挥集体力量，可以与主流媒体抗衡，改变过去消费者与媒介机构和企业间不平等的权力结构。本书的主角——粉丝，是最积极主动的一群，结合网络无远弗届的脉络，成为U时代的主导力量。粉丝主动跨越媒介平台寻找偶像，牢牢地抓住媒介内容，成为U时代最令人瞩目的消费群体。

受众的终结

个性化是 Web2.0 时代的代名词。2006 年美国《时代周刊》(*Time Magazine*)杂志选出的年度人物就是“你”。这个“你”就是我们消费大众，是平平凡凡的每一个人。看似平凡的“你”，活跃在计算机前，掌握话语权，在网上寻求数字真相，成千上万的“你”一起改变了世界，改变了全球经济生产消费模式。

新媒介终结了被动的受众。传统受众研究范式不再适用今天媒体无所不在的环境，“受众”已经不再是单纯的“受”众，这个名词已经过时，台湾学者称“阅听人”事实上更合适。受众是网民、阅听人、用户、消费者，是主动创造内容的生产消费个体，是独立自主的我们。粉丝，本书的主角，是主动受众中最主动的一群。

过去学者以为，在强势大众媒体铺天盖地的宣传下，受众只能被动接受媒介信息，媒介效果如同子弹射入标靶，又狠又准，毫无招架之力，这也是国内学者将英文“audience”这个名词翻译为“受众”的由来。粉丝的前生是被动的受众，是“面孔模糊的，被动接受媒介内容的乌合之众”。粉丝的今世是“媒介无所不在的环境中主动出击寻找内容的阅听人”。

网民当家作主，成千上万的网民借由网络平台，发挥网络联结带来的庞大力量。消费者借由网络平台发表意见，联合起来与媒介机构以及跨国企业抗衡，彻底改变过去媒介机构及企业与消费者不平等的权力结构。高高在上的电视台无法再告诉我们该看什么内容，我们决定自己的电视节目表。我们在虚拟空间中串联，网络加上手机，粉丝形成力量庞大的追星族，粉丝特有的忠诚重复消费行为，成为企业及商家必争的优质消费者。

粉丝的崛起

粉丝就是提起笔来妙笔生花，能把自己宝贝写成神仙写成天使写成救世主，掐起架来如猛虎下山锐不可当。

粉丝就是他还未扬眉你就微笑，他还未皱眉你就掉泪，他还未登场你就期待，他还未离去你就崩溃的人。

粉丝就是每回比赛，宝贝晋级欢天喜地，宝贝被评委刁难，第二天就敢去划人家宝马车的人。

粉丝就是珍藏宝贝所有玉照所有视频所有 MP3 所有 video 所有文字报道所有相关评论，清楚他每个腔调熟悉他每个表情明了他每个动作的人。

粉丝啊！粉丝，粉丝的爱恋痴情，比琼瑶的浪漫爱情故事还动人。湖南卫视的选秀节目《超级女声》、《快乐男声》催生中国新一代粉丝，我们看到镜头前全国各地男女老少声嘶力竭高喊偶像的名字。从《英国达人》到《美国偶像》到《快乐女声》，从苏珊大婶到台湾的星光五班六班，选秀节目持续在全球制造粉丝与话题。玉米和花生，成就了李宇春和陈楚生。没有粉丝，哪来偶像？每年三月份美国奥斯卡颁奖典礼开始前，众好莱坞明星走在红地毯上，两旁粉丝疯狂地尖叫，镁光灯此起彼伏，为颁奖典礼铺垫了高潮的气氛。少了粉丝，明星就显得星光黯淡，没有人气。明星与粉丝，一体两面，缺一不可。

从《超女》到《快男》，每个成功的选手背后，都有一个支持度高组织力强的粉丝团。粉丝与参赛者，都是选秀节目舞台上的亮点，选手与选秀节目的成功，以粉丝的忠诚决一胜负。媒体镜头前，都可以看到各粉丝团精心准备的标语，还有整齐的口号，如果偶像表现不佳，或者辜负了粉丝，粉丝们也会给偶像脸色看。例如艳照门事件的女主角之一港星阿娇就曾受到粉丝们的冷落，阿娇当时曾来内地宣传，粉丝们特别安排少一点人去接机，让阿娇知道他们生气了，但是人数又不能太少让阿娇没面子。粉丝，真是难为啊！

事实上，粉丝不仅仅是为娱乐界买单的消费者，从iPod到哈利·波特到苹果计算机，狂热的品牌粉丝为这些明星产品制造话题，带来一波波购买热潮。网络的无远弗届使得品牌口碑能够瞬间一传千里，粉丝真心诚意的推荐永远比广告更能打动人心。网络论坛上对品牌的讨论与评价，成为消费者最佳购买指南。企业该如何化消费者为粉丝，将品牌忠诚度升华为品牌购买力？

横扫全球的金融危机带来传统制造业势危，美国汽车业、房地产还有许多银行都倒闭或濒临破产，但是有一些品牌包括苹果却屹立不倒，甚至逆势上涨。金融危机为传统产业画下句点，催生新经济，特别是在21世纪爆红的文化创意产业。文化加上创意成了一门好生意，有设计有品牌的产品就可以卖贵一倍的

台北东区（摄影/乡有人）

价钱，忠实的粉丝还是痴痴地排长队等着买。

以功能和价格为导向的制造业已失去生存空间，以美感风格为导向的粉丝经济是挡不住的世界潮流。粉丝经济诉求消费者的内心情感，偶像与品牌可以凝聚消费者的情感，让消费者化心动为行动。忠诚的粉丝是企业的核心，一个品牌80%的产品是由20%的消费者购买的。这20%的优质消费者就是品牌的忠诚粉丝，决定品牌的长期稳定收益，激励品牌成长动力，让企业脱离微利竞争，向文化创意产业升级。

新媒介终结了被动的受众，金融危机加速了粉丝的崛起。粉丝主动出击，跨越媒介平台寻找品牌与偶像，主动的消费者要的是有设计有个性有态度有认同的创意产品，粉丝追求美感与风格，投射情感于品牌与偶像，主导崛起中的文化创意产业。

FANS

每个粉丝都是一座孤岛，偶像就是连接这些孤岛的桥梁。

2

解密粉丝密码

我爱Kitty

1974 年秋天，日本三丽鸥公司为一款新商品设计了一只系着红色蝴蝶结的白猫 Kitty 图案。这只没有嘴巴、没有表情的大头猫，让人猜不透她的心情，还被讥笑是笨头笨脑的无嘴猫。

35年后，全球成千上万Kitty迷为她庆祝35岁生日，各种Kitty纪念商品热闹开卖，许多商品还限量发售，死忠Kitty迷要特地飞到日本搜货。Kitty沉默的力量横扫全球，从台湾歌手蔡依林到美国歌星玛丽亚·凯莉（Mariah Carey）都是她的粉丝。在台北，麦当劳与Kitty联手推出可爱的Kitty儿童纪念餐，Kitty成为2009年亚洲最抢手也最会抢钱的卡通明星。

我们再将镜头转到 2007 年 7 月 1 日香港回归 10 周年纪念日，一架机身上画着

Hello Kitty彩绘机身上画着Kitty和她朋友们可爱的脸孔（台湾长荣航空提供）

Kitty 的波音 777 客机缓缓降落在香港赤腊角机场，这是台湾长荣航空 Kitty 彩绘机首度香港行。长荣航空自 2005 年 10 月推出第一架 Hello Kitty 彩绘机飞行台北东京航线后，不但两地 Kitty 迷反应热烈，还有许多 Kitty 迷特别从各地飞到台北或东京，就是为了搭乘这段全球唯一的 Hello Kitty 空中梦幻之旅。

2008 年两岸直航后，可爱的 Kitty 彩绘机也出现在内地各大机场。彩绘机不仅身上画着可爱的 Kitty 脸孔，从设计精美的粉红色 Kitty 登机牌、行李牌到机上的餐巾纸、杯垫、餐具还有乘务员的围裙和发饰，处处可见 Kitty 和她朋友们可爱的图案。从登机开始，这段航程为 Kitty 迷打造毕生难忘的华丽体验，连不是 Kitty 迷都愿意一尝想象力无尽发挥的滋味。Kitty 魅力无法抵挡，Kitty 彩绘机多年来载客率都比其他航班要高出许多。台湾长荣航空公司肯定两架 Kitty 彩绘机的载客率高的获利佳绩，但实际数据以商业机密为由而无法提供。

台湾麦当劳与Kitty联手推出Kitty35周年活动（摄影/乡有人）

在北京工作的台商宗建楚在一次偶然的机会搭乘 Hello Kitty 直航班机回台，不是 Kitty 迷的他在这段航程中，觉得好像回到学生时代，参加学校集体旅行。他说他在飞机上享受了 Kitty 迷的欢乐气氛，为平时一成不变的例行公务旅途增添了难得的乐趣。

每个人喜欢Kitty的理由或许不同，但是大家都在Kitty身上看到自己，心情得到安慰与放松；Kitty的单纯与可爱，让我们放下武装与化妆，找到真实的自己。

1977 年的安安在幼儿园时收到妈妈送的 Kitty 发夹，还从此爱上这只没有嘴巴的小猫咪。15 年来她费尽心力跨海搜集了上万件 Kitty 商品，将兴趣变成事业，在台湾桃园县中坜市开了一家 Kitty 专卖店，在雅虎、奇摩网上也有博客与专卖店。多年来安安培养了一批忠实的粉丝，知道只有在安安的店里才找得到少见的纪念款或是早期有特色的 Kitty 商品，安安还会定期办展览与出国扫货。

安安小的时候从台北搬家到中坜，刚来到陌生的城市不习惯，安安只好将心事都告诉 Kitty，而 Kitty 也默默将她的秘密藏在心里。或许这也是 Kitty 风靡全球的力量，将粉丝们的心情藏在她没有表情的脸孔后面，安安说："她没有嘴巴，不会将我的秘密说出去，她没有表情，我的喜怒哀乐，就是她的心情。"

安安与她心爱的Kitty收藏品（安安提供）

从雷锋到谢霆锋

偶像，是供人膜拜的泥塑或木雕的神像，引申为盲目崇拜的对象。古时候的偶像是各种神的塑像，孔子曾批评鲁人用人偶陪葬，《论衡》记载："俑则偶人，象类生人，故鲁用偶人葬，孔子叹。"据中文维基百科的解释，偶像"泛指被人崇拜的对象。但随着现代人少了迷信，偶像多半是真实的人，尤其以影星艺人为主"。

偶像崇拜，事实上是人类社会性的一种体现。心理学者认为，偶像崇拜是每个人的社会认同与情感依恋。偶像崇拜随着社会形态变迁与时俱进，远古时期人们膜拜木偶与神像，面对不确定的未来与环境变迁的恐惧，我们冀望神明能指引一条明路，照亮混沌的未来。在庙堂香火缭绕中，人们捻着一炷香对着佛像喃喃自语，诉说心中的愿望与寄托，偶像是绝望时的精神支柱，是绝境时的灯塔。

过去的偶像是榜样，是工作与学习的激励，是全国人民仰望的领袖，是天天照亮大地的太阳，为国家担当重责大任，鞠躬尽瘁，为家庭呕心沥血，为朋友两肋插刀。

进入大众媒介时代，名人明星成为偶像，雷锋与谢霆锋，榜样与名人，各具时代意义。20 世纪 80 年代，精神解放后的饥渴与新旧时代交接的空白，使邓丽君、崔健成为众多青少年追捧的偶像，来自港台的金庸、三毛、琼瑶，更为青少年提供了精神寄托。90 年代以后，众多港台还有欧美明星涌入，罗大佑、齐秦还有台湾的校园民歌，人们对偶像的选择进一步走向娱乐化与多元化。

台北龙山寺（摄影/乡有人）

香港城市大学教授岳晓东在《追星与粉丝》一书中，指出偶像崇拜是“人类自身在不断进化演变过程中，所保留传承下来的一种近乎于本能的心理和行为倾向，是人们将自己内心的愿望、欲求、理想、情感和信念向外的投射和放大，是一种深层自我的现实化、人格化和理想化。偶像崇拜者给偶像人物赋予无穷的幻想，并采取各种方式从事许多与偶像有关的事情”。

偶像现象，是青少年成长的必经过程，是青少年自我确认的重要手段。青少年通过对不同偶像的认同和依恋，来确定自我价值，寻求自我发展，偶像崇拜作

台北龙山寺（摄影/乡有人）

为一种特殊的心理行为，是青少年时期心理矛盾的产物，有必然性和过渡性的一面，也有非理性和盲目性的一面。

过去的偶像是英雄榜样，当代的偶像是名人明星。我们可以制造名人，却无法制造英雄。时势造英雄，英雄随着时代而诞生，天将降大任于斯人也，必先苦其心志劳其筋骨。英雄经过时间历练而孕育出不朽的成就，禁得起时代考验，常留名青史。名人明星不见得都可以成为偶像，名人靠着商业机制成名，只活在当下，必须持续制造话题与绯闻来博版面，不然很快就会被遗忘。

名人（celebrity），这个字一开始是指“有名的、时常出现的”，也可以指名声。名人到了现代指的是一个无人不知无人不晓的人。名人是媒体的产物，名人的名声由大众赋予。名人由新闻制造出来，名人成名后主动制造新闻。

名人来自各行各业，但是一旦成为名人后，他们所成名的行业有时已经不重要了。例如贝克汉姆已经成为全英国甚至全世界都知道的名字，他和高贵辣妹的婚姻（与传言的婚外情）更使两人的名字长期蝉联全球娱乐版头条。美国篮球明星乔丹在代言各种产品时，也早就不需要和篮球一起出现在广告里。

名人产业成为21世纪新兴艺术，我们关注名人的一举一动，无所不在的媒体将名人生活变成永不落幕的真人秀，名人的穿着打扮、居家装潢，还有扑朔迷离的分分合合，是八卦杂志的最爱。名人生活永远比偶像剧更真实更耸动（例如“老虎”伍兹的婚外情），是人们共同关注的焦点，我们在名人八卦中找到全球共同语言与话题，偶尔也可以在名人产业中体会这个艺术背后的人性与共鸣。

星星知我心

明星星光闪耀，宛如天上高挂的星星，可望不可即。明星名人是消费社会的符号，一个时代的象征，是社会名流、著名的表演者或专业人员。高度商业化的名人主要来自以下几个领域：音乐、绘画或民俗技艺等艺术领域（郎朗、周杰伦、郭德纲）；电影电视作家等媒体界（布拉德·皮特、张艺谋、于丹）；体育界（姚明、“老虎”伍兹）；企业界（史蒂夫·乔布斯、马云、李开复）；还有政界（奥巴马）。不过许多名人都捞过界，演而优则政的有美国加州州长阿诺·施瓦辛格，演员变歌手变导演变作家变政客都屡见不鲜。名人名字响亮但内容模糊，重要的是这个名字的商业价值，粉丝多寡是他们的身价指数，代言的价码。

名人是社会真实距离遥远的个体，名人明星真实的一面也许我们永远无法知道，但是他们在媒体上呈现的一面是吸引粉丝的关键，而这个形象是由各种媒体塑造而成的。明星由公关公司建构形象，不同明星各有不同类型的形象诉求。例如贝克汉姆非常清楚他的价值来自他的形象，高价聘请公关公司来打理“贝克汉姆品牌”，小心翼翼地维系他“热爱足球，走在时尚尖端的新好男人”形象。不过英国小报形容贝克汉姆事实上很肤浅，缺乏深度，热爱珠光宝气的饰品，与电视上、八卦小报中的贝克汉姆没什么不同。

追星研究成为传播学媒介接收理论的重要一支，因为明星与观众的关系，也就是文本符号与受众的关系十分“私人化”。对大众来说，明星扮演了非常特殊的角色，可以同时是粉丝的偶像、榜样、爱人、朋友和家人。明星给大众带来一定程度的情绪影响，带来愉悦或情感经验，伴随粉丝度过人生许多阶段，成为我们成长经验和记忆的一部分，也是社会集体记忆的一部分，这就是明星扮演的功能。

粉丝与偶像关系深厚，在传播研究中越来越占有重要的地位。从学术上来说，人们所观看的明星形象，可以从以下几个层面来分析：

（一）明星个人的形象

这个形象是阅听大众认为某个明星特有的个性，例如港星成龙一般在电影中表现得十分幽默搞笑，他本人在镜头前也表现风趣，但这个个性并不一定代表明星本人的真实个性。

（二）明星表演的形象

明星在银幕上的形象，也就是明星在电影、文本、节目中表现的形象。有些明

美特斯·邦威提供

星喜欢演出某类型的电影，将自己塑造出某个特殊的形象，有些明星大众将他定位为丑角；有些明星如林志玲走清纯玉女的甜美风格。

（三）明星专业的形象

这是明星在工作中表现的形象，有的明星是运动员或专业人士，这个形象是他们在工作中或参加公益活动、记者会、电视专访中所表现的专业的一面。

（四）明星隐私的形象

这是明星在镜头之外的真正个性和真实面貌，有时候狗仔队在明星不注意时拍到的画面，或者明星的丑闻被曝光，往往可以揭示明星的真实个性。这个个性通常和一般大众所认识的明星有所差距。例如英国帅哥影星休·格兰特多年前在美国因疑似召妓被捕，他当时在警察局留下的大头照就是他真实的一面。

明星真实的一面也许我们永远不会知道，这也是打造明星制体系所有工作人员的目标，必须永远维系完美明星形象。所以我们一般大众所认定的明星形象，通常是明星个人的形象、明星表演的形象还有明星专业的形象。

明星有不同类型，我们将自己心目中的完美的形象投射于明星身上，认同明星在镁光灯下的形象而非明星私人的形象。我们在明星身上投射自我，每个人都可以在不同类型明星上看见自己，进而认同不同的明星。可以说，某些类型的人特别认同某个明星，藉由这种认同，人们进而找到其在社会上的位置。

具有高度影响力的明星名人跻身成为偶像，具有英雄榜样的神圣光环。不过，大众也有反身思考的能力。例如大众对明星的私生活特别感兴趣，当明星发生丑闻时，有时候受众反而更能认同这些明星的私底下的另一面，例如传播学研究发现，社会上弱势族群对明星的丑闻更能够认同。

2008 年初的香港艳照门事件对明星形象有巨大的冲击。人们赫然发现，平时清纯的玉女明星原来也有欲望、有秘密、有谎言。广东话“艺”和“伪”发音相同，于是大家说艺人是“伪人”。明星名人一旦被发现有普通人的七情六欲时，明星身上的闪亮外衣立刻失效。人们消费明星的完美形象，投射希望和自我在偶像身上，丑闻使得明星的星光黯淡，人们发现明星的真实面貌，这样巨大的反差，凸显了人们对偶像崇高的期待。

和自己谈一场恋爱

魔镜啊！魔镜啊！世界上最好的对象在哪里啊？

如果有一个男朋友（女朋友）有着百看不厌的面孔，还有着动人的歌声，对自己百依百顺，想看见他时就去找他，心情不好时陪在身旁，伴随自己度过人生低潮，不离不弃，这样的对象，要去哪里找呢？

偶像，就是世界上最棒、最体贴、最完美的对象，追星，就像谈一场恋爱，只是，偶像如星星高挂天上，这场恋爱，其实是与自己谈一场恋爱。这场恋爱，常常是我们人生中第一场恋爱，是我们找对象前的热身，这场恋爱，其实很安全，被抛弃的风险指数是零，而且，我们在这场恋爱中，还可以更好地认识自己理解自己。

梁咏琪的铁杆粉丝小杨追星已经九年，受到梁咏琪的启发，大学毕业的小杨现在是小说作者。在九年的追星过程中，小杨说她深刻地谈了一场恋爱。“我很感谢她，在追随她的过程中，我学会了许多，我学会了怎样对待处理自己的感情，怎样控制自己的感情和欲望，避免自己在感情中触碰痛苦，怎样去爱。说真的，在这个过程中，我获得了自己的爱情观。”

“她满足了我一直以来心底对于童话般美好的幻想。我的童年并不是很美好，父母离异的事情对我还是有些影响的，我想是梁的出现一定程度上弥补了我儿时心中的缺口。她给我一种安全感，她就像是天使一样的姐姐，像从童话中走出的女孩一样。好想让她陪在自己身边。”

在我们成长的过程中，偶像弥补了我们进入青少年时期，刚走出家庭进入社会时期的阶段性空白。小时候父母是我们的榜样，长大后我们进入反叛期，向外寻找学习的对象。青少年投射了美好的自我想象于偶像身上，偶像就是榜样，是我们进入社会的指引，是我们服装、发式、行为举止还有说话方式模仿的对象。

不过，有些粉丝迷的是和自己同样性别的偶像，这是不是让人有错乱的感觉呢？其实，偶像扮演了既是恋人又是朋友的角色。粉丝觉得偶像穿得像自己，行为举止像自己，说话和想法都像自己，看到偶像在台上表演，就好像自己完成了一场完美的表演一般。粉丝在偶像身上看到自己，找到认同。粉丝喜欢的是入迷的感觉，粉丝在偶像上看见自己，进而喜欢自己喜欢偶像的感觉。性别其实不是重点，粉丝喜欢同性别的偶像常常是希望自己成为像偶像这样的人，偶像是榜样、是恋人、是家人，更是不会变心的朋友。

超级星光大道节目录影现场（台湾中视提供）

粉丝，是我们的社会定位，是我们认同的群体，是人们在后现代社会中，寻求自我认同，重新认识自己的方式。邓丽君、崔健、罗大佑、张国荣在两岸三地都是一个时代的象征（icon），就像猫王埃尔维斯·普雷斯利、披头士、玛丽莲·梦露在欧美的地位一样，明星不再是明星，他们紧紧和一个时代相扣，唤起我们对那个时代的记忆。对企业来说，在理解粉丝与偶像的关联后，如何调度粉丝能量不是难事。因为偶像毕竟是媒介机构和企业生产的产品，而这个产品和消费者的情感依托，是企业制胜的关键。

超级星光大道节目录影现场（台湾中视提供）

粉丝DNA

粉丝是偶像与品牌的优质消费者，是传播学还有营销学者关注的焦点。要解密粉丝，我们先来看看粉丝行为模式。综合欧美 30 年来的迷研究学术成果，并加入笔者博士论文对李宇春粉丝网络社区研究，我们可以将粉丝 DNA 归纳为以下七种 ：

（一）粉丝的形成是偶然的

传播学者发现，迷之所以成为迷的过程是偶然发生的，就像谈恋爱一见钟情一般，粉丝在转角遇到爱，不小心坠入爱河。粉丝不一定对一个偶像单一忠诚，有些粉丝不断寻找新偶像的行为是规律性的，但找到什么偶像则是偶然的。这样的偶然，仿佛命中注定。林青霞的日本铁杆粉丝铁屋彰子追星多年，在林青霞同意下出版《永远的林青霞》一书，她在书中说“我之所以成为你的超级粉丝，我认为是命运使然。”

一个住在美国的北大女生写了一本书《献给陈楚生的120首情歌》，书中第一句话就说："听到楚生很偶然，我是不看电视、报纸和新闻的。何况在美国，没有什么中国朋友，我每天干自己的事，很循规蹈矩的，突然间我就发现了黑暗中的光芒，更没想到我会爱上一个中国男孩。”

以李宇春的迷玉米为例也可以发现，迷之所以成为迷的过程是偶然的规律。许多玉米说自己是“一不小心就成为玉米”。以下受访者以网络化名称呼：

只要小葱幸福："认识这个小祸害呀，很偶然。放假我朋友来我家上网……说实话当时我没觉得怎么样，感觉还不错，很阳光的，很帅气”。

婗婗："第一次看到她是网页上的照片，觉得丑，而且很像男的。电视上第一次看却觉得可爱”。

开到荼靡："看《超级女声》比赛时知道的，头一眼并不喜欢，因为她的声音是女中音，不是那种符合中国人传统音乐审美的……不过当时觉得李宇春的感觉很好，直觉上觉得很舒服”。

葱彦葱宇："2005年通过《超级女声》，第一眼看到她觉得她干净和帅气。身上散发着和一般女生不一样的气质”。

（二）粉丝有特殊的媒介内容消费方式

一般消费者对于观看的节目没有特定的喜好，通常观看对他们来说当时比较方便的节目，普通受众是沙发上的土豆，有空时就收看正在播出的广播或电视节目。但是粉丝的接收文本模式是带有“目的性”的，他们的收看行为也是虔诚的，不会在观看过程中聊天或分心。粉丝忠实而且重复地接收、消费文本内容。“过度”是成为粉丝的重点。

美国麻省理工学院媒体研究小组在观察数个美国家庭，还有学生在学校寝室观看《美国偶像》(*American Idol*) 节目的行为发现，对节目高度投入者可以提升身边的人们观看节目的情绪。投入者会提醒家人或朋友观看节目，简报上集内容，对内容发表意见。投入者是观看人群中的意见领袖，引发周遭人们兴趣，主导聊天话题，可以加强大家对节目的向心力。

同样的行为可以在虚拟空间中发现，网络社区的意见领袖，也就是铁杆粉丝、骨灰级粉丝，可以拉近成员之间的距离，帮助新成员学习社区文化，加强社区成员间互动，进而巩固粉丝对偶像的热情。更重要的是，社区成员的互信机制，有助于粉丝抒发追星心情，疏导粉丝对偶像强烈的情感，以理性的态度追星。

粉丝的具体表现是模仿偶像的行为、性格、生活方式，有些主动的粉丝会打扮成喜爱的电视节目或动漫中的角色，形成“角色扮演”(cosplay) 风潮，从日本流行到港台，近年在国内青少年间也开始流行。

角色扮演最初只是动漫商家和电玩公司的一种宣传策略，渐渐地这种活动被动漫迷们所接受，成为一种展现自我独立性的展示活动。台湾和香港的动漫或网络游戏展览，通常会吸引一群粉丝精心将自己打扮为喜爱的动漫主角。他们自发地参加，自费制作戏服和道具，是典型的粉丝行动力展现。

（三）粉丝建构特殊社区文化

粉丝通常以复数形式出现，组成社会上各种不同亚文化群体，是社会多元化的展现。粉丝喜欢与同好交流与分享追星心情，因为粉丝追星的心情通常也只有同好才能体会，一般人有时无法理解粉丝喋喋不休地老是说自己的偶像有多好。

粉丝社区的形成首先由较具有权威性的、追星时间较长的铁杆粉丝主导，他们是意见领袖，对偶像了如指掌，藉由这些核心粉丝对偶像内容的解释，形成具有说服力的偶像指南，在这个粉丝社区中形成一种经典与规范，这个粉丝社区就成立了。

不同的粉丝社区形成不同的粉丝文化，例如李宇春粉丝的玉米文化与张靓颖粉丝的凉粉文化非常不同。粉丝在偶像身上看见自己，不同类型的偶像吸引不同的粉丝。粉丝社区有助于粉丝文化的建立，新进粉丝对偶像文本的接收和理解受到核心粉丝的影响。核心粉丝能有效地加强成员对偶像的向心力，巩固社区文化。粉丝社区的成员通常是在网络上找到盟友，然后分地区组织支持偶像的活动，或在网络上组成声势浩大的团体，保护自己偶像的权益不受侵害。粉丝们说：“粉丝要彪悍，艺人才能常青。”

每个粉丝团体都会有一个核心粉丝来进行全国各地的粉丝团的联络和活动接洽的工作。这些社区成员互动高，通过各种通讯媒介 MSN、QQ 或是手机，形成一个个经由科技联结的社区。社区传播是粉丝联络与交流的渠道。

以李宇春为例，她以中性角色、女中音歌声、另类的打扮，挑战传统中国女性形象。网络上对李宇春和玉米的批评不断,称为“宇黑”。面对来自社会的压力,网络帮助玉米抒发情感，达到作为“优质的玉米”目标，同时也帮助玉米理性面对他人的批判，更有助于粉丝理性追星。例如只要小葱幸福说 :“有些玉米遇到一些事会很冲动，一些比较明白事理的玉米会发一些帖子帮助大家，让大家放轻松，共同寻找解决问题的办法，我觉得这几年来，不管是在超女汇集的活动上，还是和其他明星一起参加的活动中，充分说明了玉米长大了，成熟了，这多多少少有基地和贴吧的作用。”

玉米藉由网络社区传播玉米文化，宣传李宇春的人格特质，并要求自己以身作则，发扬优质玉米的精神。因为社会的不认同，玉米社区成为玉米自在的分享交流空间，更提高了成员的向心力。玉米社区跨越了虚拟和真实，成为玉米的网上家园，这个家园没有现实压力与束缚，更让人留连忘返。

（四）粉丝是主动内容创作者

粉丝不但积极消费偶像文本内容，对内容耳熟能详，有的电视剧迷还能预测结局，或者希望文本按照他们的意愿发展。有些粉丝会发动群众，鼓励或给予编剧压力，以便故事剧情朝他们所希望的方向发展。有些电视节目中的角色特别受到欢迎，他的粉丝不愿意见到该角色离开，使得编剧不得不改变剧情，让该角色继续留在节目中。

粉丝的主动性表现在将偶像占有的行动上，藉此赋予偶像意义，从中满足幻想。在弗洛伊德的眼中，“欲望”是一种永远无法在日常世界中实现的海市蜃楼，所以只能透过“幻想”来满足欲望。粉丝与偶像之间，有时形成一种患得患失的关系。粉丝利用“补偿”的心态与作用，在脑海中不断重复幻想偶像，藉由印象在脑海中的铺陈与重组，来进一步掌握他们所欲求的对象。

过去在传统大众媒介时代下，粉丝会以录像带录制节目，除反复观看外还会动手改编，自制影像作品，与同好分享。网络时代日益廉价的科技，让粉丝更容易主动创作，网上论坛可以见到大量粉丝以偶像的形象写作或改编自创影像作品。这些自己动手改编的粉丝称为“粉飞客”，来自英文（Fan Fiction）的简写。

粉丝将幻想付诸行动，主动改编文本内容，自制偶像视听作品，在创作过程中满足幻想，拉近了与偶像间的距离。粉丝研究权威詹金斯说，以“挪用文本”的方式自制的音乐录像是一种独特的迷文化形式，他将粉丝称为“文本的盗猎者”。这些粉丝创造的文字和图像作品，建构了迷文化，丰富了媒介内容。（我们将在第五章中继续探讨粉飞客的无穷创意。）

（五）粉丝将爱好延伸到日常生活

受众研究学者约翰·费斯克（John Fiske）认为，迷以越多越好的原则，尽量搜集偶像的物品，“搜集”可视为迷的文化结构之一。粉丝生活中一定处处充满偶像，粉丝将幻想投射在偶像身上，也希望藉这些搜集与参与的行为，确认偶像的确是他们心目中完美的偶像。传播学者发现有些粉丝行为接近宗教性，粉丝的热忱与教徒相近，对有些粉丝来说追星具有心灵净化的作用。

有些猫王的粉丝将自己的家打造成猫王故居，而全球猫王迷将他的故居列为赴美必去的朝圣之地，因此，猫王故居成为美国除了白宫外参观人数位居第二的住宅。这些行为，包括粉丝参加活动，例如签售会、演唱会等，亲眼一睹偶像风采的行为，学者认为这些追星行为是粉丝希望确认他们偶像的真实性。

偶像到处代言各种产品，在网络上电视上偶像的形象处处可见，粉丝亲眼见偶像一面的基本需要不变，这使得传统的偶像与粉丝见面方式不会被淘汰，签售会、演唱会仍然是娱乐界促销偶像的最佳方式。

玉米基地网站上有一帖关于如何推广李宇春的新歌指导原则，建议玉米推荐身边的朋友将手机铃声换为李宇春的新歌，送新专辑给商店、餐厅等公共场所播放。玉米不但将自己的生活建构为充满偶像的特殊艺术世界，还希望将这个世界无限延伸，扩大到现实世界的各个角落。

（六）粉丝建立一个另类社会群体

所谓“另类的”，并非指这个团体不规范或者不融于社会中，粉丝社区是社会的一部分，粉丝崇拜偶像，各有所爱，是社会多元文化的表现。粉丝社区如同现实社会一样，也存在社会中的阶层差异，只是这个差异与一般社会的政治经济地位不相符合。粉丝以对偶像文本的理解多寡作为粉丝社区地位高低的标准。对偶像越理解或和偶像越接近者，在粉丝社区中地位较高，是社区中的意见领袖，对其他粉丝比较容易产生影响力与领导作用。

以李宇春的粉丝——社区玉米为例，可以发现粉丝社区特有的集体力量和高参与度。“玉米地”就是玉米的家园，他们使用自己人才知道的词汇，彼此共享外人无所理解的紧密的情绪连接。玉米自发做优质玉米的苦心，展现了粉丝的超级行动力。粉丝是生产消费者的最佳代言人，在今日创意社会中，特别值得关注。

粉丝将爱好延伸到生活中
（摄影／梁永光）

追星不可怕

“偶像就是自己站在哈哈镜前照出的那个影像”，香港岳晓东博士指出，青少年偶像崇拜投射出的，是崇拜者心中的某种潜在欲望。每个人心中都有璀璨的梦想，青少年更是对梦想有着无限的追求，但是当他们发现理想和梦幻无法实现时，往往就会痴迷偶像，将自己的梦想交由偶像代替完成。

追星不可怕，青少年可以化偶像崇拜为榜样学习，可以在偶像的感召力下促进自我成长。如何赋予偶像一个更准确、更积极向上的全新定义，不仅是青少年人生道路上的迫切需求，更是一个全社会教育的重大命题。

在肯定偶像传播的正面意义之外，我们也必须关注追星的负面影响。第一，过度崇拜明星，疯狂参与偶像相关的活动，购买明星物品，增加了青少年的消费；第二，由于过高评估偶像价值，理想化其对个人的影响，这样势必会使青少年降低自我意识和信心；第三，由于过分认同和依赖，易使青少年对其崇拜的偶像想入非非，做出不切实际的幻想；第四，过分抬高明星地位、贬低自我，因而对自我缺乏清醒的认识，沉湎于对偶像热烈的梦幻和疯狂的追逐之中。

水能载舟亦能覆舟，偶像崇拜能够激发起粉丝的巨大能量，鼓励人们积极向上。粉丝社区中资深成员经常鼓励新成员正面理性追星，粉丝间的交流更可以抒发追星心情。适度的追星，合理的消费，是生活中的点缀，也是放松心情的手段。粉丝能量庞大，人数众多，我们要正面因应粉丝崛起，以宽容的心包容青少年成长过程中的不理性面，化为成长的积极动力。今天的明星名人应积极向偶像英雄靠拢，努力行善做社会的榜样。我们可以强化偶像身上积极的特征，转化为大家学习的驱动力，将偶像崇拜化为前进的力量。

FANS

粉丝以情绪和这个世界紧密拥抱，粉丝经济无法挡，消费者的情绪资本是新一代企业奶酪。

3

情绪资本

打造粉丝经济

早上伴随着*Happy Wake Up*的闹钟铃声起床，先打开小葱（李宇春）的夏新手机，看看小葱每天都更换的漂亮小脸的待机图，然后用小葱的JJS（佳洁士）刷牙，洗漱完毕对着小葱的海报说一声“我走了，宝贝！”就上班了，到了单位先冲桌子上的小葱笑一个，说一声“早上好”，然后用上面印着小葱的杯子去倒杯水，开始一天的工作，哦，对了，单位的电脑是神舟的。回到家就做饭，吃饭，上上贴吧，下载点视频，HC（花痴）一会，晚上用JJS刷完牙后，对着小葱海报说一声“晚安”，就睡觉梦小葱了。你会不会觉得我很HC？

——只要小葱幸福，2007

李宇春代言可口可乐（可口可乐公司提供）

李宇春的 *Happy Wake Up* 歌声，每天唤醒全国乃至全球的无数玉米。宇迷，李宇春的粉丝，“玉米”，2005 年诞生。玉米黄色旋风，唤醒人们对粉丝的重视。这位网上化名“只要小葱幸福”的玉米，24 岁，来自甘肃，女，大学毕业，玉米基地网站成员，以上这段自述就是一粒玉米的日常生活写照，从牙膏到手机到手表到电脑，一天 24 小时都是李宇春，睡梦中都不忘与偶像相见。玉米们说，不好的产品李宇春不会代言，而且她还会心疼玉米花钱，只代言性价比高的产品。

玉米基地网站版主“幽幽紫竹”说：“玉米和春，不单纯是崇拜与被崇拜的关系，而是朋友、家人。玉米的心里只有春，春的心里也时刻装着玉米，彼此都为对方着想。因为她是我们自己选出来的歌手！”

玉米地里遍地忠诚的玉米让李宇春代言产品销量大增：Swatch聘用李宇春代言后，许多单柜一天内可以卖出数十万元；神舟电脑和夏新手机有了李宇春，一跃成为消费市场上的一线品牌。玉米们以越多越好的原则，大量“购买春春”，从牙膏到手机到电脑，玉米主动搜集偶像形象，将偶像置于日常生活中，打造一个春春无所不在的幸福生活空间。

名人生意经

从 Hello Kitty 到贝克汉姆到章子怡、周杰伦、李宇春，全球偶像们代言牙膏、洗发精、汽车还有运动鞋。偶像加上赞助厂商，还有无所不在的媒介，这个坚强的铁三角打造了全球庞大的名人产业。名人是 20 世纪的产品，名人产业，由完整的经纪人制度与无所不在的媒体，搭配广告赞助商，但是最后埋单的，还是以粉丝为核心的消费大众。

名人制的建立来自娱乐业与文化创意产业的高风险特性，由名人名气保障票房收入。以美国电影业为例，美国每年发行约350部电影，但是卖座的不到10部。美国90年代票房超过一亿美元的电影，其中一半是由包括汤姆·克鲁斯、朱丽亚·罗伯茨等七位巨星担纲演出的。可以说，这七位好莱坞巨星撑起美国90年代电影产业的半壁江山。

娱乐业与文化创意产业的核心是内容的生产与买卖，无形的内容只有受到大众认可才值钱，但观众的媒介消费习惯反复无常，高投入不等于高收益。娱乐业必须制造大量产品以平衡失败作品与畅销品的收益。名人成为票房的保障，产业的摇钱树。名人的知名度、粉丝的多寡与忠诚度决定了票房。在日本，唱片公司从签约歌手的第一天就开始培育歌迷，不少歌手的经纪人是从歌迷中挑选出来的，由歌迷出身的经纪人来负责演唱会及唱片宣传，如此才能保证歌迷们会大肆捧场。

名人制的最佳代表是全球最受欢迎的运动明星乔丹，他被誉为是全球知名度最高的美国人。密集播出的耐克广告强调乔丹保有对运动纯真的热爱与毅力，乔丹出神入化的球技透过各种角度的摄影镜头加上慢动作重复播出，让黑皮肤的乔丹成为实践美国梦的成功者，创造了一个有明星号召力与充满个人魅力的偶像。

商业化与全球化让乔丹不再只是一个篮球选手，乔丹成为一个名人、商品符号、流行文化、时代的象征、一个品牌以及全球消费者的偶像。90 年代末，估计他一个人就为美国经济带来 100 亿美元的收入。这个 100 亿美元的金字塔以乔丹为塔尖，底下由一层层的经纪人、无所不在的各种媒体、跨行业的企业与广告赞助商堆砌而成，金字塔最底下一层，是牢牢巩固这个金字塔的全球消费者。

运动魅力无法挡，跨越国界、种族、地位与性别，运动赛事结果往往难以预料，赛场上的传奇故事加上球迷的忠诚与情感，吸引媒体与眼球。职业运动、媒体转播与广告赞助合作无间，大大提升了运动明星的超人气与代言费。运动明星

刘翔在2004年雅典奥运赛场（摄影／长屋阳）

必须有超水准的运动能力，才能具有成为偶像的关键特质——真实性。因此许多名人来自运动明星，他们的能力、勇气、汗水、泪水还有永不放弃的精神，真实地通过现场转播在全球赛场上同步上演，这些特质对想要在激烈的市场竞争中胜出的厂商来说是无价之宝。

以运动鞋为例，平凡无奇的球鞋经过明星代言点石成金后价值暴增，球星代言费用也随着运动鞋产业的迅速成长而水涨船高。20 世纪 50 年代英国足球运动员马修斯为一个球鞋品牌代言的酬劳是每周 20 英镑，80 年代英国曼联主将罗布森代言新百伦球鞋的价码是每年 25 000 英镑。20 年后，贝克汉姆穿着阿迪达斯球鞋上镜头的价格高达每年 300 万英镑。据《体育画报》（*Sports*

Illusatrated）统计，2009 年在经济不景气冲击下，小贝年收入仍高达 4 500 万美元，是全球第三高收入球员。

在中国，据《福布斯》公布的 2008 年名人收入榜，姚明身价从 2007 年的 3 200 万美元大幅上升到 5 200 万美元，其中的广告代言费包括 VISA、锐步、中国人寿的收入达到 2 000 多万美元。姚明最早在上海东方篮球俱乐部时，耐克花了 10 万元人民币买了他五年的广告合同。12 年来，姚明的身价从一年两三万人民币爆增到一年超过三个亿人民币。

让姚明的身价飙升一万倍不是篮球，关键在于“姚明”已经成为一个品牌，成为当代中国人在世界上的形象代言人。姚明让美国 NBA 篮球赛观众多了 13 亿中国人，而全球化更将姚明推向世界，加入全球名人产业的大家庭。

以张艺谋为例，“张艺谋”这个品牌是电影、实景歌舞剧、歌剧的票房保证。2009 年张艺谋为建国 60 周年庆典打造的鸟巢版大型景观歌剧《图兰朵》大卖座，大部分去鸟巢看《图兰朵》的观众甚至不知道演出歌剧的男女主角是谁。因为他们是谁也无所谓，大家都是冲着张艺谋去的。今天的张艺谋不是单纯的导演，他成为一个文化符号、当代中国流行文化代言人，是为北京奥运赋予中国意义的时代象征。

《图兰朵》这个浪漫爱情戏的背后是高度商业化的运作，投资高达 1.2 亿人民币。出品人叶迅自称是张艺谋的顶级粉丝，十年间坐着飞机追着《图兰朵》满世界跑。叶迅的生意经是，“不能只做一部《图兰朵》歌剧，而是要做一个完整的

姚明已经成为一个品牌（摄影/梁永光）

文化产业链”。1.2亿的投资不可能只在北京演出几天就回收，而是要通过不断复制，全球巡回演出，并辅以大量的衍生产品。

这也凸显了文化创意产业的核心价值，无形的内容首次制作时费用特别高，但是复制的成本低廉，唯有通过不断复制才能创造收益。据《文化产业》（The Cultural Industries）一书作者大卫·赫斯姆德哈尔格（David Hesmondhalgh）指出，“文化创意产业的特征是极高的风险、生产成本高而再制成本低，因此要极大化消费者的数量来获得最高利润，借此弥补因为消费者喜好反复无常的本质带来的失败。”

张艺谋的实景《印象》系列也是通过同样的手法获益，《印象·刘三姐》从2004年全场1 000个座位增加到2009年4 000个座位，票房年收入一亿多元，2008

运动员具有成为偶像的关键特质（摄影/长屋阳）

年为桂林市贡献了两个百分点的 GDP。《印象》系列已经有西湖、海南岛还有丽江。现在各地地方政府都希望复制同样的商业模式打开旅游，以《印象·XX》来实现地方旅游与品牌的提升。过去十年间，张艺谋团队已经在各个不同领域还有不同行业不断生产与复制文化产品，打造了“张艺谋产业链”。

资本新概念

李宇春的粉丝——玉米，以购买李宇春代言产品的实际行动，展现玉米的坚强实力，奠定李宇春的偶像地位。李宇春与玉米，成为中国新生代偶像崛起的象征。李宇春代言的产品，围绕着李宇春这个符号，以情绪资本建构庞大的粉丝经济。资本，从有形转向无形，资本的分配随着消费社会景观变迁，跨越国界，跨越虚拟与现实，各种有形无形的资本模式并存。消费过程越来越复杂，媒体平台裂变，科技日新月异，眼球经济、体验经济、创意经济纷纷出现，经济学家和品牌营销专家不断提出抓住消费者的新策略。

“体验经济”，是透过产品与服务，让消费者亲身体验独一无二的感受；“美学经济”是以美感来创造价值，把“美感生活经验与产业发展相结合的商业活动”。而“注意力经济”、“眼球经济”与“娱乐经济”从广义上来说指的是内容产业，包含在文化创意产业的范畴之内。

传统上，经济学家将资本的形式界定为金钱与建筑、生产设备等实质资本，资本、土地和人力是生产的重要因素。有学者认为，资本的近代史起源于 16 世纪商务和市场的创造，并使商务与市场和这个世界紧密拥抱。粉丝经济，是粉丝以情绪和这个世界紧密拥抱。消费者化心动为行动，投入情绪资本，化为偶像支持度与重复购买行为。

传统制造业以物质资本形式投入，以物质形式产出；创意产业投入创意资本，以知识产权形式产出；粉丝经济以情绪资本形式投入，以偶像与品牌的品牌价值为产出。情绪资本的投入，是消费者忠诚度的指标。粉丝强烈的情感，转化为令人瞩目的消费行为，改变创意社会景观，塑造经济结构新面貌——粉丝经济。

在探讨“情绪资本”前，我们先来看看学者们提出的几个资本新概念：

“文化资本”——20 世纪六七十年代，法国社会学者布迪厄（Pierre Bourdieu）在观察法国人民消费行为后，认为消费是个人与社会之间的互动结果，消费成为消费者维持日常生活的一种文化资源。因此他提出“文化资本”概念——文化资本是花费在教育上的时间与金钱，如果一个人投注于教育的时间越长，且接受教育的机构越精英，其文化资本越高。拥有高文化资本与高经济资本的团体社会地位相对高，其消费品味也相对不同于普通一般社会团体。因此，消费某些不同的产品可以视为“社会区隔”的一种记号，凸显社会地位的不同。布迪厄的贡献在于提出文化资本与社会区隔概念，让我们注意到资本对消费行为与品味的影响。

“知识资本”——1990年瑞典知识资本研究领军人物雷夫·艾德文森（Leif Edvinsson）提出，“知识资本”（iintellectual capital）是可以转化为利润的知识。许多无形的知识价值，例如公司的研发能力，是会计师账目上无法量化的数字。爱德文森的知识资本概念改变了许多公司价值和获利计算能力，因此他在1998年打败比尔·盖茨，获得了“年度金头脑奖”（Brain of the Year）。艾德文森致力推动知识开发能力、软技术和人力资源开发，近年来专心保护知识财产权，在香港成立了亚太知识资本中心，在北京成立了中国知识资本中心。

“创意资本”——全球知名创意专家约翰·霍金斯（John Howkins）于2001年在《创意经济》（*The Creative Economy*）一书中率先提出，“创造力具有实质的特质，它是投资所产生的结果，对于未来的创造力和创意产品也是极大的投入量，当然它更是人力资本中一个十分重要的元素。”这本书的中文版成为国内研究文化创意产业的经典著作。

霍金斯说，最有价值的财产不是金钱而是概念和智慧财产，它们是无形的，具有高度机动性。“在教育、研发和思想上的投资，可以增加创造力的价值和有效性，这个投资是教育导向而非技术导向的。”看不见、摸不着的创意，现在是全球炙手可热的无形资本，各国政府官员和风险投资者都纷纷捧着大把预算，追着艺术家、创意人，希望找到点石成金的法宝，将“好点子变成好生意”。

摄影/梁永光

创意人凭着一股热情与憧憬，希望为生活增添色彩，创意发自内心深处源源不绝的创作热情，为产品画龙点睛。创意资本是文化创意产业的核心，以创意提升产品价值。文化创意产业就是以创意来创造或增加产品与服务的商业模式。

近年来各国政府纷纷发展创意产业、文化产业，还有文化创意产业，这些产业为“文化”与“创意”赋予新的意义。“文化”是对价值与品味的坚持，来自社会的薪火相传，为传统赋予新生命；“创意”是让人感动的能量，开启新经济模式，将薄利的传统制造业升华到产品附加价值高的新经济体系。这波经济模式具有影响人们思想的力量，是寻求满足温饱之余的更高精神层次的追求。

欲望在消费中流动

今天社会从以制造业为主的工业社会向以消费为主的创意社会转型，消费者需要的是独一无二的体验，刹那间的心动是消费者心甘情愿掏钱的关键。情感是消费行为背后的契机。粉丝对偶像抱着宗教般的热情，是企业梦寐以求的优质客户。粉丝族群庞大的消费能量来自“情绪资本”，开发情绪资本成为企业最大的挑战。

过去市场营销研究都是基于一个相同的前提——人们以一种可以预测的理性行为方式进行活动。但随着科技进步，医学界对人类的大脑思考模式可以由精密的脑部扫描来分析，科学家惊讶地发现人类的情感对我们决策行为有深刻的影响。美国卡内基梅隆大学的行为经济学家乔治·洛文斯顿（George Loewenstein）说：“大脑中绝大部分的工作是自发进行的，而不是有意识地思考。大脑中的活动大都是由感性引导的。”

在媒介无所不在的环境中，人们会对某些影像留下记忆，迷恋某个明星，或者购买完全不需要的昂贵奢华物品，这些消费经验都是无法以理性来分析的。人们潜意识的情绪与渴望，在消费过程中扮演关键角色。欲望在消费中流动，以偶像及品牌为坐标。电视剧、电影、广告内容的目的都在触动消费者的情绪，勾起消费者收看及购买的欲望，这些无形资本就是“情绪资本”。

首先提出“情绪资本”概念的是英国营销专家凯文·汤姆森（Kevin Thomson），他于 1998 年出版《情绪资本》（*Emotional Capital*）一书，认为“情绪资本”由外在与内在情绪资本两大核心组成。“外在情绪资本存在于顾客和股东的内心，是品牌价值和商誉。它们已经受到越来越多企业的重视，并被纳入到企业资本的核心。品牌能促销产品，赢得顾客的信任，引发重复购买行为，甚至将这种信任推向更高潮，与顾客建立一种终生关系，并由顾客口耳相传，发掘并培养更多的潜在顾客。”

内在情绪资本则指向员工的内心，包括企业员工的感受、信念和价值观。企业是一个小型的社会，是人的集合；它的所有要素，包括产品、服务、品牌都与情绪交织着。企业领导人的魅力与个人特色，常常反映企业价值与信念。企业价值不是数字，是消费者、员工还有领导人情绪的结合。

美国麻省理工学院学者詹金斯在过去 20 年里致力研究粉丝，是全球迷研究学者公认的权威，他对粉丝的研究是商学院研究如何操纵品牌形象的经典著作。詹金斯提出“魅力经济”（affective economics）论点，认为面对科技带来的媒介汇流，以及伴随而来的消费者媒介使用行为的改变，媒体内容提供商和品牌营销者必须改变营销策略，消费者对品牌的情感决定其购买行为。

前任可口可乐公司总裁海尔（Steven J. Heyer）延伸了“情绪资本”的概念。可口可乐公司不再是饮料制造工厂，而是“乐趣的体验工厂”。可口可乐借由赞助各式活动、电影电视还有音乐下载，成功从一个软饮提供商转型为一个“娱乐公司”、“内容提供商”，与消费者平等对话，建立忠诚互信关系，多

摄影／梁永光

方联结和双向互动，处处为消费者留下难忘的回忆，成为制造美好情绪的圆梦者。

可口可乐公司为消费者圆梦的形象，在《美国偶像》节目中发挥到极致。作为主要赞助商之一，三位参赛评审们喝着可乐进行点评，背后是大红的可口可乐舞台。可口可乐借由捧红平民歌星，触动消费者的感情，成功地拉近了与消费者的距离。可口可乐巧妙地将品牌形象与《美国偶像》的明星梦、雄心壮志，还有天马行空的创意整合在一起，成功调动了消费者的情绪资本。

美国《商业周刊》（*Business Week*）和国际著名品牌公司英特品牌（Interbrand）每年公布全球品牌价值调查排行榜，多年来可口可乐公司蝉联冠亚军。可口可乐卖的不是软饮而是生活态度加完美体验，从广告到卖场到网络到瓶罐设计，全面打造欢乐轻松的气息，饮料不再是饮料，消费者买可乐，喝进去的是对可乐的认同与喜爱。可口可乐善用"情绪资本"，持续成为全球品牌价值最高的品牌。"情绪资本"能引起消费者共鸣，勾起欲望与内心的情感。人们在品牌与偶像身上看见认同，进而找到一群接纳自己差异的同好，投入情感与互信。消费者对品牌与偶像的情感成为企业核心资本，是新一代企业的奶酪。

粉丝社区增值情绪资本

我们对一个偶像或品牌入迷，我们在茫茫人海中寻找同好，一旦找到了组织，我们就找到了归属和安全感。社区向来在人们生活中扮演重要的角色，现代社会中，社区和家族的功能衰退，网络社区逐渐替代过去传统社区的功能，社交媒体（social network media）兴起。国外的 Facebook、LinkedIn 社交网站流行，如果 Facebook 是个国家，那么高达 3.5 亿的会员数，将是全球人口第三大国家。国内社交网站有人人网、开心网，这些社交媒体网站通过一个连一群的病毒式传播，把所有人都变成朋友。进入这个小世界之后，你可以写日记、上传照片、参与论坛发帖回帖、组织活动、寻亲会友还有求职相亲。

网络上的虚拟社区有时比真实世界更真实，著名法国学者鲍德里亚（Jean Baudrillard）提出“超现实”（hyper-reality）的观念，所谓“超”是指“比真实

台湾偶像F4之一言承旭的粉丝收藏品（摄影/梁永光）

还真实”。网络上的虚拟，不是真实，是人为造成的真实，但感觉比真实还要贴近真实。网络的超现实提供了归属感，让人们得以展示平时不愿意在现实世界中表现的真实自我，我们在网上找到朋友，产生认同，并进而认同自己原始真实的一面。

今天媒介景观所呈现的是网络的无限延伸，分散各地、不同年龄、性别、教育程度或职业的人，都在同一个平台上发言和交流。人们在网络上藉由点击、发帖和回帖创造文本内容，参与文本内容的“共建”过程。用户之间互动的强度与密度，也在网络的发展中正面循环。虚拟社区虽然是虚拟的，但社区中的关系、规范与效果，却是真实的。

“社区传播”便建立在虚拟的网络社区互动与真实社会中的真实人际关系上。虚拟与现实交融，社区成员的紧密互动更拉动了边缘成员，成功增值社区的“情绪资本”。粉丝是网民中最主动的参与者，网络帮助粉丝发挥强大力量，网络空间中的粉丝社区成为粉丝经济核心。

独乐乐不如众乐乐，粉丝特别喜欢与朋友分享信息，当粉丝们喜欢上一个不知名的人物或品牌时，粉丝们会通过网络社区传播将信息传播给全世界。粉丝会为喜欢的人物或品牌成立网络社区，所以“社区传播”成为粉丝社区特有的媒介消费行为。许多不知名的人物或品牌，例如一些偏远地区的乐队或漫画人物，从来没有出国宣传，但是透过粉丝在网络社区的自发传播，有些不知名的小人物在全球都有大量的粉丝后援团体。

近几年国内粉丝社区迅速成长，李宇春的《玉米基地》网站、百度李宇春吧人数一直蝉联冠军。观察社区成员在网络上的行为可以发现，粉丝藉由网络社区持续加强对偶像的入迷程度，这是一个正向加强作用，不但粉丝对偶像越来越着迷，社区的结构和强度也越来越稳固，情绪资本不断增值，粉丝社区规模不断扩大，粉丝的向心力不断增强。

粉丝社区除了提供偶像图像和音乐等供粉丝下载搜藏的功能外，还提供了社区成员行为的指导和规范。李宇春新专辑上市，玉米社区为了提高新专辑销售量，在网上积极鼓励玉米购买正版音像制品，并且提供如何辨别正版音像制品的方法。值得一提的是，粉丝社区为了冲高偶像专辑销售量，纷纷要求粉丝购买正版音像制品，无形中打击盗版，带动了购买正版趋势。

例如玉米为了制造李宇春2006年首张专辑《皇后与梦想》在全国各地广受欢迎的气氛，玉米社区网上有帖子指导玉米应该如何分批多次在不同音像店购买。指导玉米在新专辑预售、上市第一周、第一个月和上市三个月的四个阶段中，分批分地区购买专辑，在全国各地持续制造热销局面。

“优质玉米”的提出是玉米粉丝文化的特色，也是国内粉丝文化的特点。玉米社区要求成员做好榜样，在玉米身上反映李宇春的优点，以正面的行动争取社会认同。粉丝因为喜欢偶像而开始改变自身的行为，藉由网络社区成员发挥强大的影响力，鼓励玉米捐赠玉米红十字爱心基金等慈善行为，以集体的力量来促进和谐社会。玉米只是粉丝的一例，各个粉丝社区都可以发现，粉丝社区鼓励成员理性追星，巩固社区基础的特色。

玉米还以集体力量对主流媒介机构提出要求，例如来自湖南卫视的超女较少在中央电视台出现，玉米因此争取李宇春出席中央电视台年度盛事春节晚会，“春春上春晚”。李宇春来自地方台，要求李宇春上央视更可以认为是来自亚文化群体的粉丝向主流媒体对抗的行为，试图改变中央对地方、上对下的不平等权力结构，以实际行为改变受众被动接收媒介内容的传统角色。

摄影/梁永光

粉丝的网络使用行为和时间较非粉丝更密集更频繁，主动发帖回帖的频率也高，凸显粉丝的主动性。粉丝跨越不同媒介平台，寻找偶像身影，传统媒体无法满足粉丝的需求，加上现实社会对粉丝不理解的态度，网络粉丝社区成为粉丝最佳沟通平台，正面循环不断，加深了粉丝间的情感，增值粉丝社区情绪资本。

粉丝社区藉由网络发挥强大的影响力，建立了横向无限延伸的绵密网络，粉丝社区成为粉丝展现超级行动力的平台，更是各界瞩目的无限商机。粉丝社区增值情绪资本，建构粉丝经济。情绪资本，成为粉丝社区最大核心价值。

粉丝经济以情绪资本计价

李宇春：忙碌的宣传期开始了，虽然每天都感觉有做不完的通告，但是可以近距离地和歌迷朋友们交流，很幸福。

——10月12日 21:57

李宇春：早上七点的阳光很轻柔，《下个，路口，见》MV 的拍摄结束让我很轻松。

——9月23日 23:38

这是李宇春在她新浪微博上的几句留言，自2009年9月初开通后一个多月，就有超过13万名粉丝，李宇春很快成为新浪“围脖”关注第一名。

微博（Microlog），谐音“围脖”，是个人随时随地迅速发布最新消息的新渠道，每个人都可以实时发布新闻。国外有Twitter，国内的百度、腾讯、新浪也都开发了微博。聚友网微博客网站“9911”在湖南卫视的《快乐女生》赛事期间设立了“快女俱乐部”，成功吸引会员 8 万人，发布超过 3 000 多万条信息。

李宇春在微博上的简短留言及自拍照让玉米可以随时追踪她的一举一动，可以近距离地与李宇春交流。李宇春开通微博的一个多月时间留了 19 次微博，包括被转发上万次的李宇春手机自拍照。

新浪总编辑陈彤认为“围脖”是“名人与粉丝之间沟通互动的最佳工具”，新浪将再续明星路线，将新浪博客的明星们搬到“围脖”。“围脖”为粉丝与偶像提供了一个低成本，近距离的沟通新渠道，粉丝可以第一时间追踪偶像动态与心情。据调查，这些铁杆粉丝都愿意付费与偶像即时互动，“围脖”的实时广播与互动性，成为继博客贴吧后的最新粉丝获利平台。

江山代有“媒介”出，各领风骚数十年。媒介环境越来越碎片化，不变的是粉丝对偶像的忠诚与情感，“情绪资本”成为企业与品牌营销面对媒介汇流的不变方程式。粉丝经济以情绪资本计价，从消费者的角度评估偶像与品牌符号在消费者心目中的地位。情绪资本是消费者对品牌与偶像的喜爱程度、熟悉程度、忠诚程度、感知程度，以及消费者对品牌与偶像的联想等无形资本。

建构于粉丝社区的粉丝经济无法挡，情绪资本是关键。情绪资本是消费者死心塌地重复消费的关键。情绪资本的新意在于，消费者投入情绪于媒介内容和品牌，建立与电视节目、电影、明星还有品牌的情感关系，这种关系是长期的、忠诚的投入，明星、品牌还有影视节目的价值，奠基于情绪资本。

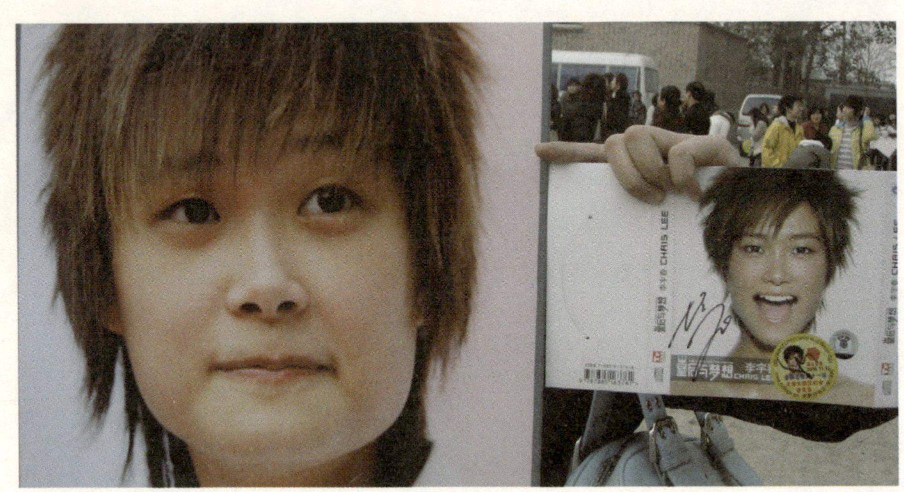

玉米展示李宇春签名的专辑封面（摄影/张嫱）

根据意大利经济学家帕累托（Vilfredo Pareto）提出的“帕累托法则”，也就是“20 / 80 法则”：一个品牌 80%的产品是由 20%的消费者购买的。这 20 的优质消费者，决定一个品牌的长期稳定收益，这个 20%的关键群体就是粉丝。他们会向朋友推荐喜欢的品牌与产品，发挥高度的感染力，忠诚顾客对品牌的见证与口碑永远比任何动听的营销词语可信。粉丝对品牌认同度高，重复购买度高，持有高情绪资本，是营销专家的梦想顾客。

消费者越来越难搞，不满意就自己动手恶搞，永远有新点子重新诠释品牌意义，更喜欢颠覆企业花大钱制作的广告或电影。广告越来越无足轻重，网上的口碑成为最佳消费指南。根据“口碑营销协会”（Word of Mouth Marketing Association, WOMMA）的调查，口碑是“最诚实的营销行为，奠基于人们想与

玉米参加李宇春首张专辑天津签售会（摄影/张嫱）

亲友、同事分享经验的自然欲望”。口碑可以透过网络发挥无远弗届的影响力，粉丝的特质在于善用口碑宣传心爱的偶像与产品，透过各种媒介渠道，自发性密集为偶像与品牌宣传。粉丝真诚的口碑与见证，颠覆传统企业广告与营销，成为今天消费者决定品牌价值的指标。

粉丝经济是媒介汇流下的新经济模式，是企业迈向多元创意社会的因应之道。粉丝经济以情绪资本为核心，以粉丝社区为营销手段增值情绪资本。粉丝经济以消费者为主角，由消费者主导营销手段，从消费者的情感出发，企业借力使力，达到为品牌与偶像增值情绪资本的目的。

情绪资本是双刃剑

你的情感，是新一代企业奶酪，也许就在你不注意的时候，企业悄悄地打起了动你情感的主意，让你在品牌与偶像身上找到认同与寄托，不知不觉坠入爱河，爱上品牌或偶像，以实际行动支持偶像与品牌，投入情绪资本，心甘情愿重复购买产品，还出钱出力广加宣传。

奠基于情绪资本的粉丝经济力量强大，粉丝社区以热爱与崇拜为基础，凝聚了高度向心力，粉丝对心爱的品牌也要求更高更严格。水能载舟也能覆舟，一旦粉丝的情感投入受到否定，消费者对品牌和偶像会更加失望，情绪资本的增值和贬值，来得快也去得快。我们在面对粉丝这门好生意时，也要反思企业与媒体对粉丝的操控。

Web2.0 时代人们以媒介消费展现主导权，人们入迷或恶搞媒介内容。但是在庆贺消费者主体性的同时，我们必须了解到，如同传媒学者费斯克（John Fiske）提出的，人们可以用“打游击方式”来对抗主流文化，人们可以将牛仔裤加上破洞，显示自我主体性，但毕竟恶搞的打游击方式是弱者对抗强者的手段，牛仔裤还是企业的产品。强势媒体与大型企业创造了偶像与品牌，人们虽然以情绪资本决定偶像与品牌价值，但媒介内容由媒体与企业创造，人们主导空间毕竟有限。

孙悟空逃不出如来佛的手掌心，主动消费者有了网络，就像孙悟空有了筋斗云，可以一日行千里，但最终还是逃不出如来佛的手掌心。我们消费者终究还在媒介机构与企业手中。情绪资本的累积，关键在于企业将主导权交于消费者，让社交媒介上的消费群体决定。企业操纵手法要柔软有弹性，是品牌媒介化生存的挑战。

我们也要进一步反思偶像的意义，今天的偶像从学习的榜样转型名人明星，名人明星的真实价值是脆弱的，特别是运动员近年来在运动赛场上丑闻不断，放水、贿赂还有滥用药物很容易就毁了运动明星和他们所代言的品牌。2010 年中国足球掀起了打假抓赌扫黑风暴，连带影响了中国足球队代言的耐克等品牌。

2009年是高尔夫球员“老虎”伍兹的霉运年，媒体不断揭露他的情妇以及赌博，全球各种小报都以他的情妇表白作为头版头条。根据计算名人对消费者影响力的“戴维布朗指数”（Davie Brown Index）显示，伍兹的排名从96名急挫到2 252名。

毛主席纪念品收藏者与收藏品合影（摄影/梁永光）

2009 年，“老虎”伍兹的年收入高达 1 亿零 280 万美元，连续五年蝉联《体育画报》全球最高收入体育名人，过去 13 年收入累计高达 8 亿美元。但是高收入高风险，他的绯闻同时也毁了他所代言的公司，据美国加州大学学者以公司股价表现统计，伍兹的绯闻让他所代言的公司市值在短短两周内损失总计高达 12 亿美元。偶像高度商业化的结果冲击了偶像与粉丝的关系，还有运动精神与球迷的信任，赛场上的运动明星不再是不朽的英雄，而是靠名气吃饭的名人，名人光环随着他们体能与参赛状态高低起伏。真实性是粉丝认同偶像的重要特质，粉丝的怀疑更容易引发偶像的危机。

玉米购买李宇春纪念品来搜藏偶像的形象（摄影/张嫱）

媒介汇流中，现实与虚拟模糊，新旧媒体交融，品牌业者与消费者，不再对立于消费过程的两端；媒介内容的消费过程，也不再对立于生产与接受两端；过去清晰的角色与权力分配不再。企业与消费者，在粉丝经济中同样扮演重要的角色，只是角色和地位复杂多变，双方互争话语权。企业与消费者，都要重新思考，建立互信互赢的伙伴关系，让我们一起为增值情绪资本而努力。

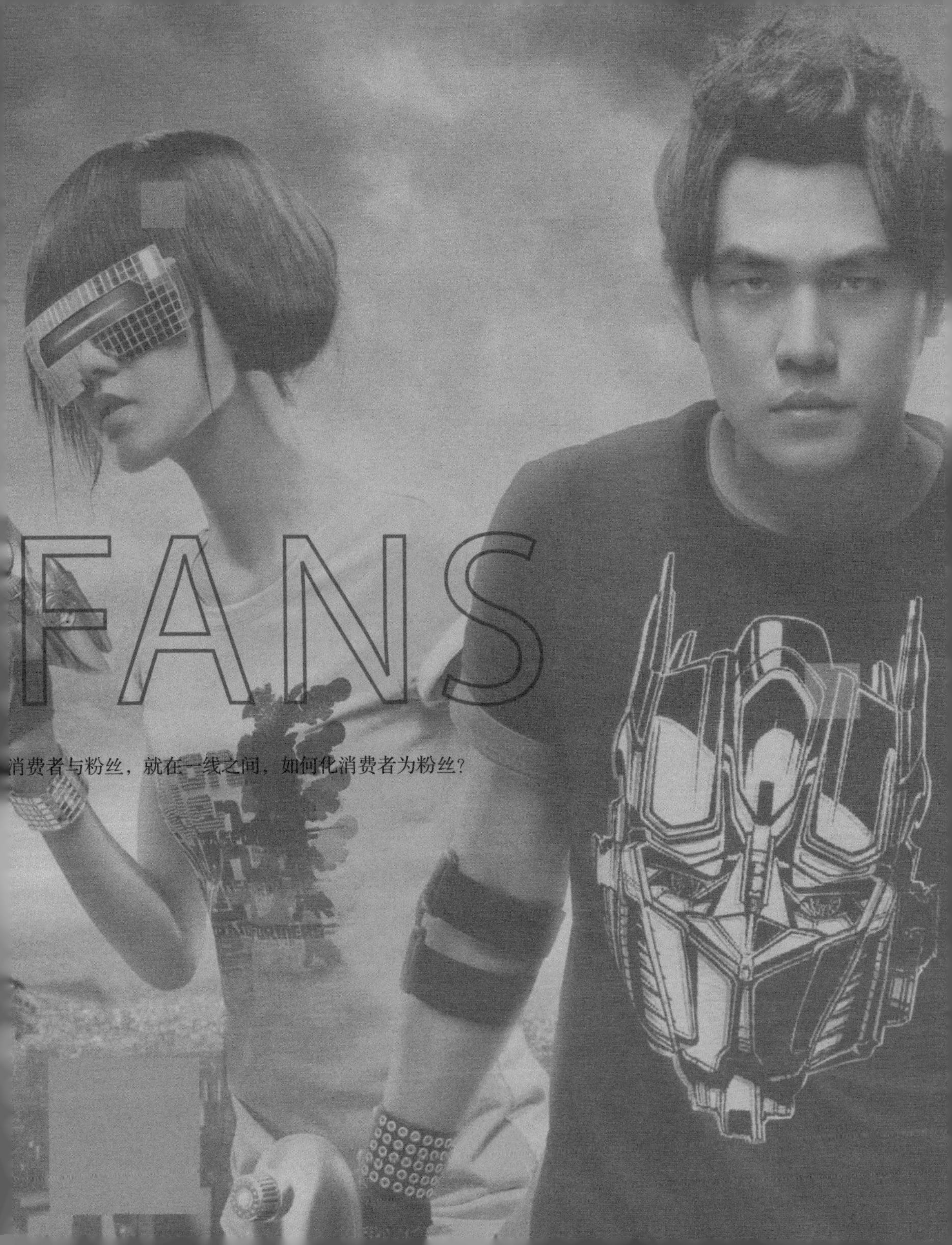

FANS

消费者与粉丝，就在一线之间，如何化消费者为粉丝？

4
粉丝是门好生意
MEGATRON

打开 YouTube 网站，《五月天，出头天，一刀未剪ＭＶ》这支影片在台湾很红，这个视频一镜到底没有剪接，看起来像一支未完成的素材带。镜头里的五月天团员，口型对不上音乐，弹奏的手也跟不上节拍，让人怀疑是个山寨版。原来这是台湾乐团五月天放松、搞笑的无厘头演出。这支短片 2008 年底上传 YouTube 后，观看次数达几十万次，还有上百篇留言说团员们好可爱。

五月天团员们喜欢用网络与粉丝交流，用博客真诚地与粉丝互动，网上可以直接知道粉丝们的喜好与批评。五月天觉得网络视频可以更真实地表现他们自然的一面，可以自己曝光内幕与隐私，这是那些制作精良，配上完美的剪接与后期制作的电视节目所无法呈现的。其实现在许多电视节目都学起了网络视频风格，故意制作粗糙，镜头摇晃，给人一种原始纪实的感觉。

“最实体的演唱会，加上最虚拟的网络社区，就是五月天组队十年间，持续扩充歌迷基础的最有利工具”，这是五月天唱片发行公司执行长陈勇志的结论。演唱会与网络社区，这两个偶像与粉丝之间直接的沟通渠道，成就了五月天这个乐团十年的傲人成绩，这反映了粉丝经济运作规律——粉丝亲眼见到偶像的需求、还有大量重复性消费行为，于是最传统的演唱会，还有随时随地可以找到偶像的网络社区，成为粉丝与偶像交流的最佳平台。

媒介无所不在的今天，特殊营销方式异军突起，成功抓住眼球，虏获消费者的心。演唱会、网络社区、真人秀，还有混淆节目内容与广告的“置入性营销”，挖掘了人们内心的欲望，连接消费与情绪，发挥情绪资本特性，化消费者为粉丝，成就了粉丝这门好生意。

偶像与粉丝双赢

演唱会、见面会、签售会是最传统的粉丝与偶像沟通渠道，在媒介无所不在的今天，最传统的方式却屹立不摇，最直接、最有效，也最获利。粉丝要亲眼见到偶像，这个独特的体验无法替代。就像球赛，还有近年来红火的小剧场演出，都提供了独一无二的现场体验。

粉丝亲眼见到偶像，要亲眼印证偶像是他们心目中完美的对象。偶像与粉丝不但是一体两面的关系，更重要的是，双方正面循环，互相增强力量。追星，是偶像与粉丝“互相增强力量的过程”(a mutually-empowering process)，在这个过程中双方合作互补，互相增强力量。粉丝在偶像身上看见正面的人生，看见希望，找到寄托，从偶像身上获得力量。

五月天演唱会上，粉丝与偶像互相增强力量（ 相信音乐提供）

美国迷研究学者以麦当娜为例研究发现，麦当娜的粉丝以美国年轻有色种族女性为主，她们模仿麦当娜的穿着打扮，以此找到自己在社会的坐标，进而肯定自我，获得自信，与以白人男性为主的主流势力抗衡。偶像的一言一句，行为举止，可以带给粉丝极大的力量。粉丝在偶像身上看到自己，藉由认同偶像获得满足感与成就感。粉丝认同偶像除了认同偶像的外表，还有偶像的个性与人格特质，这些都可以化为粉丝自我成长的动力。对于青少年来说，偶像更成为他们脱离家庭、初入社会的学习对象与理想目标。

过去的学术研究关心粉丝如何从偶像身上获得力量，事实上，今天的偶像更从粉丝身上获得力量。传统媒介失去舞台，网络社区还有直接面对观众的真人秀

五月天演唱会（相信音乐提供）

成为吸引眼球的新途径。真人秀崛起的偶像来自民间，靠着大众的喜爱而麻雀变凤凰，飞上枝头。因此新兴偶像更关注粉丝，是粉丝成就了今天的偶像。在媒介无所不在的新环境中，偶像与粉丝关系更密切，更加互相增强力量，促进正面循环。

以前如果粉丝要知道伊能静的最新消息，必须等记者采访她，文章见报；现在你去伊能静的博客，就能阅读她亲笔写的最新心情日记。偶像与粉丝一起抛弃传统大众媒体，转而诉求双方直接交流的新途径——网络社区，还有新崛起的微博、社交网络等，这些媒介更直接、更及时、更互动，而且肯定比官方网站以及传统媒体更受欢迎。

2010年3月台湾艺人小S微博开张第一天，第一张照片就有3万多的点击率，成为最新"微博女王"。除了一张照片，小S还在微博上公布了自己的工作联系信箱，让很多粉丝受宠若惊，在留言中对偶像感激涕零。很多网友留言希望经常看到小S的文字和照片，网友"蓝月牙"说："虽然只是一张照片，但我们看到了小S最真实的一面。希望经常都能看到她的近况。"而网友"心寒了"说："希望微博能够成为和你交流的一个平台，真诚相待。我们会时刻关注你，既然创立了这样一个平台，就别逛逛就走。"

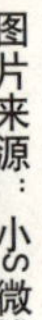
图片来源：小S微博

这是小S微博上的第一张照片，小S没有化妆，是她当时最真实的自己，粉丝更喜欢。粉丝绕过传统媒介，宁愿在微博还有网络社区与偶像面对面，双方随时随地直接交流，彼此增强力量，偶像与粉丝双赢。

台湾流行乐坛向来主导华语流行音乐潮流，近年来最红的年轻歌手萧敬腾、杨宗纬、林宥嘉等，都来自选秀歌唱节目《超级星光大道》，这一批平民歌手改变了新生代华人流行乐坛生态。这个由台湾电视教父王伟忠打造的高人气节目从2007年迅速窜红，捧出了"星光帮"。Web2.0时代的偶像关键词是平民、亲和力、自然真实不做作，"草根明星"是真人秀的时代产物。

真人秀制造粉丝

真人秀狂潮席卷全球，全球迄今有104个国家播出超过600个真人秀节目。继2001年英国最早推出《流行偶像》歌唱选秀节目后，媒体大亨默多克的女儿伊丽莎白2002年在美国福克斯电视台推出《美国偶像》并一炮而红，成为美国最受欢迎的晚间节目之一。接下来《巴西偶像》、《印度偶像》、《新西兰偶像》等真人秀节目层出不穷，区域性的还有《泛阿拉伯国家偶像》和《拉丁美洲偶像》等。

战后的阿富汗也有这个节目的翻版——《阿富汗之星》。在重建的废墟中，阿富汗人民大排长龙参加选秀，参赛女性围着面纱唱歌。过去塔利班时代禁止人民娱乐，何况是女性上电视唱歌，因此连国际媒体都纷纷报道《阿富汗之星》，认为这个节目开启了阿富汗平民娱乐时代。

在美国，投票给《美国偶像》节目的人数比历届美国总统选举投票的人数都多。在英国，上 YouTube 点击看《英国达人》苏珊大婶参赛视频的次数超过一亿人次，比在网上看美国总统奥巴马就职典礼点击率高出五倍。

《美国偶像》2003 年第二季节目最后几周，福克斯电视公司每集节目都收到超过 2 000 万投票电话和短信。更重要的是，这改变了过去美国人不习惯发手机短信的习惯。据美国电话电报公司（AT&T）统计，当时每三个发短信投票的观众，就有一个以前不曾使用过手机短信，就有一个《美国偶像》划时代地开启了美国手机短信时代。

湖南卫视是国内真人秀集散地，从《超级女声》到《变形计》，各类节目强调摄影机的真实监控、偷拍或长时间追踪式内容，让观众看到真实人性。《变形计》善加发挥了人们关注的人性面，利用城市和乡村的反差、家人的对立与冲突，创造节目高潮。制片人徐晴说：“在这个越来越隔膜的世界，人们都有欲望去了解别人的生活，这就是这个节目第一大看点。”

真人秀崛起有两个原因，首先来自于欧美国家因应卫星、有线数字电视等科技进步，电视频道迅速增加，需要大量节目内容，催生了一批制作成本低廉的节目。其次，欧美国家对知识产权保障过于严苛，购买节目成本提高，制作单位在开发新节目时往往担心侵犯知识产权，制作新节目困难度也提高了，在此背景下廉价的选秀节目应运而生，这类节目将大众拉进节目中当主角、配角还有拉拉队，不但大大降低了制作成本，也开发了平民资源，成本低廉又广受欢迎，立刻红遍全球。

影视学者尹鸿说，真人秀事实上就是“真”、“人”、“秀”。强调平民真人的参与、没有剧本、真人真事，将人性现场直播，让观众在电视机前享受偷看的快感。真人秀符合了网络时代我们追求真人真事真性情的趋势，挖掘我们内心的情感。制作单位也处处强调贴近现实，如果离开了真实，观众还会抱怨节目造假。我们要看丑小鸭变天鹅的戏剧过程，带点华丽梦幻却又真实的人生。真人秀以观众的参与、票选、广告赞助、结盟与置入式营销模式，成功制造粉丝，真人秀是门超级好生意。

不过真人秀也带来许多争议，台湾传播学者简妙如研究真人秀节目发现，参赛者与观众成为节目廉价劳动者。粉丝发挥创意和热情、提供感人的故事和礼物，成为节目高潮的一部分。这些节目操作“平民也能成为偶像”的媒体事件，“让真人秀节目得以被共同利益的媒体大幅报道，促使社会大众不得不卷入对该节目的注意之中”。有些新闻真人秀参与并改变了受访者日常生活，为了制造高潮而扭曲了真实人生。

真人秀加码情绪资本

真人秀不断制造话题与粉丝，参赛者都是普通人，所以我们更容易想象自己身在其中，一朝飞上枝头，变成明星；我们也更容易认同参赛者，感受就在现场的真实。我们与平民偶像培养了“革命”情感，对参赛者更感同身受。真人秀成功地在全球制造大批粉丝，是充分运用情绪资本的粉丝经济杀手级应用。

真人秀满足了网络时代人们追寻自我的梦想。八九十年代出生的新生代擅于创作、敢于发表，喜欢向全世界秀自己，真人秀与网络视频网站成为圆梦的舞台。在这个多元社会中我们不再害羞，人人是明星，大胆追寻心爱的偶像。

真人秀的意义在于，电视不再是电视人的电视，电视必须向网络靠拢。在中国，真人秀更划时代地改变了媒介机构与受众不平等的权力结构，真人秀将话语权交还给人民，成为一场真正的全民娱乐。

面对 2005 年湖南卫视《超级女声》引爆的节目革命，《超级女声》教父魏文彬说："这本是一场歌者的游戏，但是它不可遏制地发展成为一个事件，一个包含文化与社会意义的双料事件。"《超级女声》端出一道全民精神文化大餐，在全国各地制造了无数粉丝与偶像。

来自真人秀节目诞生地，英国创意达人艾伦·莫尔（Alan Moore）在观察全球真人秀节目潮流后，认为企业可以复制真人秀，制造粉丝经验，利用情绪资本为品牌创造大量粉丝。粉丝的忠诚。还有重复与过度消费特性，正是企业最需要的核心客户。

超级星光大道节目录影现场（台湾中视提供）

艾伦·莫尔的SMLXL创意公司调研报告指出，全球有22个国家完整播出至少一季《XX偶像》节目，共吸引5.6亿家庭收看。也就是说，全球有45%拥有电视的家庭收看了这个节目。我国的《超级女声》、《快乐男声》因为不是由《流行偶像》节目授权，还不列在这个数据中。2009年香港无线电视与亚视也相继推出歌唱选秀节目，如果加上中国内地与港台数据，可以说全球有一半以上拥有电视的家庭收看了这类节目。

艾伦在这份调研中说，真人秀的“参与”和“社区传播”拉动了情绪资本，成为真人秀的成功关键。真人秀藉由手机短信与网络社区积极造势，吸引了更多观众参与，来自每个人身边的选手让过去一成不变的电视节目出现了新面孔，死忠粉丝自发性的热情经由网络社区广为传播，为选秀节目制造一系列话题，将收视率推向新高。

真人秀充分调动观众情绪资本，发挥网络“参与式文化”特色，透过网络社区成功制造粉丝。粉丝情绪资本透过网络社区一再渲染，“参与式营销”成为化消费者为粉丝的方程式。企业可以充分发挥粉丝广为宣传的特质，将消费者带进营销活动中，借由亲身参与带来的难忘体验，帮助消费者对品牌与偶像产生情感，增值情绪资本。消费者有了与品牌平等对话与交流的平台，进而提升对品牌的认同。

“参与式营销”的关键在于让消费者掌握话语权，消费者主导议题，这就是真人秀的真谛。社区网络强调平等对话机制，只要善于从旁驾驭核心粉丝以及网络社区意见领袖，就能达到社区传播推波助澜的效果，社交网络媒体上正面的口耳相传，是消费者购物的最佳指南，比任何完美的广告还有效。

企业要掌握少数潜在优质客户，为他们量身打造丰富的体验，让贴心的感动化为对品牌的认同与情感的投射，以娱乐来启发消费者想象力，创造消费者主动参与的事件，让消费者成为事件主角，留下难忘回忆。网络社区可以将这样难忘的体验一再传播，将消费者变成粉丝，达到参与式营销的目的。

注册爱的商标

粉丝经济特色来自草根式参与文化，消费者在参与中认同品牌，对品牌投入情绪资本，将品牌化为“爱的商标”（lovemarks）。“爱的商标”最佳例子就是现场转播的体育赛事，球场上、运动员身上到处都充满了品牌符号。商业化将运动变成一场媒体盛宴，我们毫无保留地将情感投入选手与球队身上，我们的情感为电视台冲高了收视率，为运动员加码代言费。企业看准了人们对运动员的情感投入，将品牌符号置放在运动员身上，将品牌与运动员联结，情感转移到品牌，达到了增值品牌无形资本——“情绪资本”的目的。“情绪资本”是企业的奶酪，是触及消费者内心的关键。

“爱的商标”就是“置入性营销”（product placement），也称“品牌营销”，将品牌放入新闻或媒体内容中，混淆节目内容与广告推销，让消费者在参与过程中不知不觉地认同品牌、爱上品牌，成功增值情绪资本。这个营销手法由来已久，美国 007 电影系列都是走这个路线；在国内，葛优与关之琳主演的电影《大腕》就是一例，在葛优精心策划的喜剧葬礼上，就可以看到各种品牌出现。置入性营销近年来在媒介碎片化时代大放异彩，成为直接触及消费者的最佳渠道。

风靡美国的《学徒》（*The Apprentice*，或译《飞黄腾达》）节目，将置入性营销手法发挥到极致。《学徒》走在品牌置入和娱乐内容整合的前沿，比赛过程中参赛者必须为不同品牌规划获利策略，观众认同参赛者，希望参赛者胜出，从而认同参加的品牌，真心希望参赛者会帮这个品牌成功获利。有些参赛者设计的产品，例如特殊口味的冰淇淋，还真的可以在市场上买得到。这样打从心理的认同，让每家公司 2 500 万美元的置入费，花得心甘情愿。

消费者现在都躲藏在虚拟与现实空间中，难以捕捉，品牌只好化身节目内容，直接诉求消费者情绪资本。《学徒》节目的成功，在于将这个节目成功作为事件营销，具有高度原创力和不确定性，而且非常贴近人性。《美国偶像》也将置入性营销发挥到极致，可口可乐、福特汽车还有美国电话电报公司（AT&T）的商标，都成为节目内容不可分离的一部分。

将场景拉回国内，湖南卫视的真人秀《足球小子》同样使用将品牌商标转化为“爱的商标”模式。《足球小子》是湖南卫视与英国传播公司，还有英国足球联盟三方头脑风暴的结晶，是国内自主创新节目内容的首例。《足球小子》2007 年在全国各地选拔有潜力的足球球员送去英国受训，并且记录了这些新锐球员的成长过程。总导演林丹说，《足球小子》最大的广告“其实在球场，在于置入式广告”。贺龙体育馆里有 100 多个 3 米长的广告挡板，每一块都可以卖钱。所有队员、教练的球衣、球鞋，包括足球都是耐克的。这个曝光的频率，是任何一个广告厂商都无法想象得到的。湖南卫视已经从一个简单的节目制作机构，转变成社会活动的召集人。《足球小子》不只是一个节目，而是一个非常巧妙的事件营销。

2009 年夏在国内热映的好莱坞大片《变形金刚 2》（*Transformers: Revenge of the Fallen*）电影，第一次将国内品牌置入好莱坞电影，将“爱的商标”模式推向新高。《变形金刚 2》电影开始在中国城打斗的场景，可以清楚地看到巨大的写有“美特斯·邦威（Meters/bonwe）”的广告牌，接下来还有一辆货车“Meters/bonwe不走寻常路”车身广告，这些画面置入让全世界观众看见中国品牌。

这是中国品牌进入好莱坞大片的初体验，美特斯 · 邦威以《变形金刚》为主题推出立体式跨界营销——“变形看我”，2009年春季开始在全国2 000多家专卖店开设变形金刚专区，在电影上映前就培养粉丝情绪，消费者可以在店内提前看到变形金刚新造型，包括会飞的大黄蜂、升级版的擎天柱、大力神、双胞胎汽车人等不同风格不同品类服饰与产品。变形金刚T恤成为店内热销产品，是铁杆“金粉”的最爱。

这个跨界营销带来超过170多个媒体报道，以“美特斯 · 邦威”、“变形金刚”为关键词搜索，在百度和谷歌都有十几万篇相关页面，网上帖子也有近百万点击率。“变形看我”交出亮丽成绩单，变形金刚系列全国热销超过100万件，开展营销活动的店铺客单价2009年5月至7月同2008年比较同期增长

《足球小子》是国内自主创新内容的首例，球场及球衣球鞋都加上了品牌广告（湖南卫视提供）

18%，这些店铺销售增长率同比增加三成。美特斯·邦威与《变形金刚》电影，双双成为2009年最成功的爱的组合。

为这个组合牵线的是美国广告营销公司NMA，这家公司有30年好莱坞大片置入性营销经验。为什么“爱的商标”魅力倍增？NMA中国首席代表刘思汝说，电影没有广告的干扰，观众在漆黑的电影院里感到安全，一两个小时全心全

美特斯·邦威将品牌置入《变形金刚》电影情节中（美特斯·邦威提供）

意投入电影中，于是电影成为品牌触及全球消费者最佳平台。品牌只是个空洞符号，电影情节丰富了品牌内容，为品牌赋予感情、故事与意义。《变形金刚》中的雪佛莱大黄蜂，007电影中的宝马，《欲望都市》里的香奈儿（Channel）、普拉达（Prada），都是NMA的杰作，电影将消费者情感与品牌联结，化电影观众为粉丝。

变形金刚品牌所有者孩之宝公司（Hasbro）在全球有至少250项以上的品牌授权协议，开发衍生品的范围包括玩具、服装、家具、出版物、汽车等，孩之宝公司成为全球第二大玩具商。如同可口可乐一样，孩之宝公司不再是玩具商，而是一家“娱乐公司”、“内容提供商”，是制造美好情绪与回忆的圆梦者，购买变形金刚玩具与衍生产品可以将梦想带回家，可以重复美好回忆。

爱的商标注册方式各有千秋，有的品牌与不同产业品牌混搭，有的干脆直接将艺术带入品牌或产品中。2009年夏，北京燕宝汽车与六位著名香港设计师合作，将Mini Cooper汽车车身当作画布，将六款Mini Cooper汽车变成艺术品。穿上龙袍的汽车驶入北京市，在大街小巷穿梭，整个北京变成一个“城市展览馆”，艺术出现在马路上、走近我们身边，打破我们在固定空间欣赏艺术品的模式。艺术和创意点缀在品牌身上，以更平易近人的方式与大众对话，更让人记住品牌与创意的连接。

以创意改变品牌生命的案例不少。其中，香港设计中心副主席刘小康为屈臣式蒸馏水成功改造品牌形象，为百年老品牌注入新生命。上百年历史的屈臣式蒸馏水，造型传统，一直是简单了无新意的瓶装水。经过香港设计团队的品牌设

香港设计师詹剑铨为Mini Cooper设计龙袍车身（摄影/郑航天）

计，创意点睛，屈臣式蒸馏水换上亮丽的外衣，流线形设计的包装成为青少年的时尚配件。香港街头人手一瓶，屈臣式蒸馏水成为凸显个人品位美感的亮点。屈臣式蒸馏水改头换面成功的关键因素在于，瓶装水的外形加上了创意，成为时尚的一部分。新包装结合水流动的线条和人体美感，将屈臣式蒸馏水变成生活美感与享受。这个新包装在2002年推出后，不但在成年人顾客群中大受好评，还成功将屈臣式蒸馏水的消费者年龄层下降到十几岁的青少年。

2003 年为纪念屈臣式蒸馏水成立一百周年，12 位香港顶尖设计师与艺术家为屈臣式蒸馏水彩绘外形。一个月推出一款新外形，造成抢购风潮，每个月等着新款上市，制造新话题，许多人还连续搜集了 12 款的彩绘酷造型了者求新求变的心态，每个月新款的彩绘成为与年轻消费者对话的渠道，创造了屈臣式蒸馏水的故事，更为屈臣式蒸馏水赋予新意，让百年老店以新造型成功面对消费者。

香港设计师为屈臣氏瓶装水百周年活动设计瓶身图案（靳与刘设计顾问提供）

无量从一而生

无量从一而生；一个菩萨的诞生，意味着未来无数的菩萨。这是台湾最大非盈利慈善机构——“慈济功德会”证严上人在开示佛经《无量义经》时所说的，她期许慈济人广结善缘，创造更多的慈济人。

这句话可以套用在粉丝身上，一个粉丝可以发挥热情，感染一般人，制造无数粉丝，关键在于这一个粉丝是核心粉丝，可以创造无量。只要有几个可以创造无量的核心粉丝，明星与品牌就可以身价高涨，人气倍增。许多偶像与品牌，还有社交网站标榜自己庞大的会员数，事实上，能创造无量的核心粉丝才具有核心价值。

2005 年创立的粉丝网，是国内最大娱乐在线网站和最大粉丝聚集地，娱乐资讯领域的影响力在前三名。创立两年后就有广告盈利的粉丝网，提供了粉丝聚集空间，成功发挥粉丝集体力量。

粉丝网成功的方程式就是开发核心粉丝，这些粉丝团版主、铁杆粉丝，能够拉动广大粉丝参与活动，各个粉丝团互相在粉丝网上比拼人气，刺激浏览率，线上线下活动频繁，形成正面循环。粉丝网策略在于，“抓住 1% 的核心粉丝，借此带动 10% 的忠诚粉丝，再由此拉进 90% 的用户”。

粉丝网彻底让粉丝与明星直接互动，不夹在粉丝与明星之间。粉丝网扮演的角色在于提供互动平台，让核心粉丝创造粉丝团，粉丝自己操作粉丝团的运作，粉丝网适时提供一些与明星交流的渠道或联合不同粉丝团举办活动。

粉丝网帮助粉丝跨越与明星间可望而不可即的鸿沟，满足了粉丝的两大需求——搭建粉丝之间沟通交流的平台，以及粉丝追星渠道。粉丝对偶像的需求得到了抒发，更有助粉丝理性追星。粉丝网只提供空间，活动和管理放手交给核心粉丝主导，粉丝们形成分权式的平等组织，更有效让粉丝自发推广粉丝社区，借力使力，成功打响粉丝网。粉丝网也可以更好地与明星经纪公司协调，为粉丝与偶像成功举办各种活动。

粉丝网凝聚粉丝集体力量，展现粉丝强大消费力。耐克、百事可乐、宝洁都在粉丝网投放广告，不少知名品牌如诺基亚、力士都在粉丝网成立品牌粉丝团，这些数码产品和快速消费品有的由知名明星代言，借由粉丝网组织活动，拉近与消费者的距离。粉丝网总裁王吉鹏说：“我们掌握着娱乐消费的终端群体，我们对粉丝的深入分析与了解是我们获得商业机会的关键。”

“参与式营销”加“社区传播”，是将消费者转化为粉丝的方程式。粉丝网充分发挥这个粉丝方程式，抓住真人秀潮流，短时间内虏获了全国粉丝的心。粉丝彼此交流与见偶像的需求得到满足，粉丝将难忘的照片和视频上传，粉丝的口碑是网站的最佳宣传。粉丝网以平等和关怀的态度对待粉丝，充分发挥参与式营销与社区传播，更好地为偶像与品牌打造形象。

在这个偶像辈出的年代，企业看准了偶像对粉丝的号召力，冀望发挥偶像与产品之间的联结点，以明星效应打开销量与产品知名度。粉丝们无论有什么样的爱好,都可以在丰富的选择中找到自己的最爱。根据粉丝网最新一项调查显示，喜欢音乐、体育、时尚、游戏、影视的人群超过了3亿，其中愿意为音乐付钱的人数就超过了1亿，非常活跃的粉丝人群至少已经达到了1 000万。王吉鹏很有信心地说：“粉丝对于偶像的忠诚远远超越我们的想象！”

微利时代下，传统制造业以产品降价求胜，诉求人们的理性购买行为。创意时代下，我们每个人非理性的一面得到抒发，丰富的体验和情感投入是粉丝经济制胜关键。企业的诉求手法应转向消费者非理性的购买行为，挑起我们心里的欲望、高层次的美感与风格诉求，创造重复购买的高忠诚度消费行为。聆听粉丝，我们可以找到品牌成功的方程式。

粉丝总动员

据统计，2009 年国内各种成规模的粉丝团已经有 2 300 个以上，比较活跃的也有 400 个以上，其中规模较小的粉丝团成员有数百人，而大的则在数万人甚至十万人以上。粉丝主体是 20 世纪 70 至 90 年代出生的人，年龄在 15 至 30 岁之间。粉丝当家作主，分权式的松散组织却更有效率，明星代言，粉丝动员，成为企业粉丝经济生存法则。

粉丝以共同的爱好与偶像联结，建立粉丝社区，以网络为基础，发挥粉丝庞大动员力量。粉丝乐于与他人分享自己的资讯，粉丝在与同好交流偶像信息的交往过程还有追星活动中相互熟悉了解，建立互信，粉丝社区更可以正面巩固成员对社区的向心力。

每个粉丝团体都会有一个核心粉丝来进行全国各地的粉丝团的联络和活动接洽的工作。这些社区成员互动高，透过各种通讯媒介 MSN、QQ，或是手机，形成一个个经由科技联结的社区。社区传播是粉丝联络与交流的渠道。

粉丝通常在网络上找到同好，然后分地区组织支持偶像的活动，或者在网络上组成声势浩大的后援团，保护自己偶像的权益不受侵害。粉丝说，厉害的粉丝才能让偶像常青。每个团体通常会有一个领导人物，来进行全国各地粉丝团的联络工作。较高级的粉丝团会设立宣传组、安全组、视频组、后勤组、执行组、外联组等全面性机构，还会吸收一些有特长的粉丝加入后援团。虽然粉丝们都说自己的粉丝团没有系统，但在一般人眼中，各个粉丝团都有效率有组织，为保护自己心爱的偶像还有扩大偶像影响力不遗余力。

粉丝团产生的费用，一般由会员们 AA 制均摊。而粉丝团的负责人通常都会与明星的经纪人直接联系，比其他人更快地了解到明星的第一手资料。每当明星有活动时，也会事先通知当地粉丝团负责人。因为有共同爱好作为基础，素未谋面的粉丝之间也能很快建立起信任感与合作关系，粉丝间的互信基础甚至超过普通的朋友和同事，使得大多数粉丝团能够高效地运转。

《中国联合商报》在“2007 狂粉新势力”专题报道文章中指出，在不到在两年的时间里，粉丝们为汉语的扩展和创新做出了巨大的贡献，“玉米”、“凉粉”、“钢丝”、“乙醚”……老词语统统被赋予新的含义，而粉丝们也彻底颠覆了他们的“前辈”，种种充满“创造发明”的举动令人叹为观止。

粉丝们穿着奇装异服，在各个人流集中的地方，疯狂地为自己的偶像拉票；他们乘飞机飞往各地，组织分会，放弃工作专心组织为偶像造势；他们不远万里送礼物，为偶像一掷千金，为了自己的偶像，他们愿意做任何事情。一个“玉米”在每天的清晨都会给天娱的董事长发来一条礼貌的短信：“王总早上好，太阳升起了，新的一天又开始了……”目的就是希望天娱能接纳她为李宇春工作。真人秀时代的粉丝更负有为偶像拉抬人气的神圣使命，粉丝的执著团结，造就了一个个平民神话。在这样的气氛中，粉丝团体不断地扩大，而粉丝对于自己偶像的忠诚度也随着时间的延长而越发地忠诚。粉丝社区以网络作为聚集的平台，以集体的力量与主流意识抗衡，展现粉丝强大行动力。

经济观察报的《电子商务》杂志即于 2007 年将“玉米”选为“影响中国未来的 20 个圈子之一”。事实上，各种不同粉丝社区的存在，是一个多元文化社会的体现。粉丝是主动的消费者，不但可以监督主流媒体，挑战主流媒介高高在上的态度，粉丝的集体力量，能促使媒体更贴近观众的需求；粉丝的主动性，有助于消费者抵抗企业商业性的操弄，改变媒介机构与观众不平等的权力结构，促进多元创意的社会。

FANS

“御宅族”、“角色扮演”、还有动手改编媒介内容的“粉飞客”，都是以粉丝为源头的崛起新势力。这些现象有的不是舶来品，事实上来自我们中国古老的传统、来自人们内心的渴望。偶像崇拜不是全球化产品，粉丝更丰富了地方文化，促进创意社会。粉丝成就了偶像，偶像名声取自于社会，应肩负更多的社会责任。今天的偶像借用英雄的光环，站出来赈灾募款，在重大灾难中抚慰受伤心灵，带领人们走出灾难阴影，面对明天。

5 粉丝新势力

御宅文化“钱景”好

有名男子坐船遇到风暴，船沉了之后他幸运漂流到荒岛上，被一位美女救起。住在荒岛上的辣妹是个探险家，家里有美食与美酒，她款待九死一生的男子丰富的晚餐后，邀请男子参观她的房间。男子看见她房间里的电脑，如获至宝，立刻上网查邮件，接着沉迷于网络游戏中，置辣妹于不顾。

这是20世纪90年代网络上流传的小故事，说的是一个没有情趣的电脑宅男。宅男，到了21世纪变身广受欢迎的新好男人。拜网络之赐，虚拟世界里活跃的宅男可以隐藏自己不擅言辞的生活面貌，在网络上发挥舞文弄墨的战略优势，透过各种社交网站，翻身为网络上活跃的交际人士。从“秀才不出门，能知天下事”到“宅男不出门，能交天下友”。

全球金融危机风波后，一股新经济悄然逆势崛起——“宅经济”。从网络购物到网络游戏，还有数字音乐、影音下载，人数倍增的“御宅族”带动“宅经济”，击败传统产业，交出亮丽成绩单。金融危机以来，香港上市公司腾讯股价节节高升，至 2009 年 9 月 9 日市值已达 300 亿美元，高居全球互联网公司第三位。宅经济受益者还有网易、盛大、淘宝。国内电子商务市场龙头淘宝网在 2009 年就实现 2 000 亿元人民币交易额。

网络游戏在国内年年红火，艾瑞咨询数据指出，连续多年网络游戏年增长率超过 50%，2008 年网络游戏市场规模已达 207 亿元人民币，2009 年超过 260 亿元。玩家已经从不务正业的青年延展为现在的主流人群加入，高学历、高收入、高年龄的三高玩家不断增加，社交游戏的兴起更带动了白领玩家用户群。著名的《魔兽世界》游戏国内有 500 万用户，延伸为一个不断扩张的虚拟社会，四年多来许多玩家伴着这个游戏成长，同公会的玩家形同家人。这个游戏背后更紧密连接一个经济食物链，许多玩家靠着技术换金币和道具，再转换为实体的人民币。

“御宅”，这个名词让人摸不着头绪，让人联想到沉迷电玩荒废学业的青少年，或者足不出户天天上网的宅男宅女，不善与人来往。其实，御宅不是亚洲新出现的社会现象，只是近年来有着形成庞大影响力的趋势，特别是几部有关御宅族的电影漫画，例如日本网络小说改编的《电车男》大受欢迎，开启御宅文化新势力。

什么是“御宅族”？日本社会评论家中森明夫于 1983 年在《御宅的研究》一

文中正式使用这个名词来称呼狂热者。御宅族指热衷于次文化，并对该文化有深入了解的人群；也指沉迷于某种兴趣爱好中而不可自拔的个人或群体。在这里的兴趣与爱好常指“动漫、漫画及电脑游戏”(Animation，Comic，and Game，ACG)。

“御宅族”狭义的定义以沉迷于动漫的人为主，后来广义指涉对专业领域有丰富知识的人群，社会上也开始对这些专业领域擅长者持肯定态度，这些专家还有个新潮名词——“达人”。御宅族这个名称从日本传到了台湾，变成“窝在家里上网的人群”，也因为一些媒体负面报道，御宅族还有不善交际、不修边幅、缺乏个人魅力、只关心自己不关心社会的孤僻印象。台湾出版的《宅经济全攻略》一书说现代社会中人人都有沉迷于爱好中的一面，“人人都是阿宅，人人都有宅基因”。人人不出门也能工作也能消费，在家上班更有时间弹性、生活自由的优势，以御宅族为主体的宅经济前景无可限量。

宅经济当红，宅男炙手可热，日本前首相麻生太郎因喜欢看动漫而有“宅男首相”绰号，他在任内鼓励日本外务省透过动漫产品外销日本。据日本贸易振兴协会数据显示，日本动漫产业 2004 年全年的营业收入高达 23 兆日元，成为日本前三大产业，当年日本对美国动漫、模型、电玩产业出口 43 亿 5 900 万美元，被媒体评论为“漫画外交”。

日本著名的经济研究机构野村综合研究所 2006 年在一份研究报告中指出，御宅族是“执著于某种人事物，以甚为极端的方式，把时间与金钱集中消耗在该对象上。对该对象有丰富知识与创造力，而且会从事散播信息与创作活动”。

现代社会中人人都有沉迷于爱好中的一面（摄影/张嫱）

摄影／ 梁永光

御宅族的六大心理因素是：搜集的欲望、博取同感的欲望、自己主导的欲望、归属的欲望、表现的欲望、创作的欲望。

宅经济商机来自御宅族消费特性，野村综合研究所将御宅族行动模式与消费特征归纳为以下三种：

1. 维持高水准的消费：御宅族愿意为其所专精的领域投入较高的消费。
2. 消费且创作：御宅族是主动的生产消费者，身兼生产与消费双重身份。
3. 社区化：御宅族对网络社区有认同感，善于利用网络搜集与分享信息。

御宅族愿意为其所专精的领域投入高消费，是优质的消费者，有着粉丝对偶像

漫画迷在台北动漫节上专心看漫画（摄影/张嫱）

对品牌所持有的情绪资本。御宅族善于利用网络搜集与分享信息，只相信网络口碑与网络社区意见，口碑永远比宣传更贴近现实。御宅族就是粉丝的代名词，粉丝长期投入某种爱好之中，喜欢搜集，具有找到认同与归属的欲望，喜欢表现与创作。御宅族可以视为粉丝的一种，粉丝是广义的御宅族。

日本、台湾御宅族各有不同面貌，这几年在中国内地也兴起御宅潮。经济不景气，房价上涨，许多背负房贷的房奴宁可待在家里上网娱乐，而且淘宝网、当当网都有比实体店更划算的折扣。80后、90后的一代都是独生子女，已经习惯自娱自乐，加上城市越来越扩大，出门变成一趟麻烦的旅行，与其在外人挤人，还不如御宅在家。

台湾的玩家以眼神传递对角色的投入与情感（摄影/钟宜杰）

宅经济趋势是粉丝经济崛起新现象，御宅族是具有影像处理能力的专业人士，他们心中怀着感动，头脑充满创意，消费行为更重视体验与情感，带动新经济与新势力。御宅族不是孤僻不擅言辞的人群，网络让他们发挥自我，透过网络找到朋友与同好，执著且重视自我实现与情感的御宅族实现了“四海一家，网络大同”的美好世界。

“角色扮演”来自爱

不可否认，人类的一切，都是因为爱与被爱衍生而来。爱是我们所有行为的驱动力，粉丝，更是因为心中有爱，将爱表达出来，让大家知道我们对偶像对品牌的热爱，追星就是爱的行动力表现。

我们喜欢模仿偶像的穿着打扮，或者言行举止。有一群人将对偶像的热爱推向新高，身体力行，将偶像带到身边。他们化身偶像，穿上偶像或动漫主角服装，眼神还有行为都模仿偶像，这些行为是近年来的亚洲新潮流——角色扮演。

角色扮演其来有自，一组慈禧太后扮观音菩萨的清宫照片，可以看到慈禧身穿袈裟，端坐在盛开的荷花后面，两旁站着太监与宫女扮的善财童子与龙女。笃信佛教的慈禧以扮观音拍照来体现她的虔诚，这张照片在网络上被誉为是“中国最早的 cosplay”。

角色扮演，英文是 cosplay（costume play 的缩写），是这几年全国各地大小型动漫展上最瞩目的亮点，“角色扮演”者夸张的造型加上精心的打扮，仿佛刚从动漫或卡通中走出来，从日本到中国的台湾、香港以及东南亚，到处吸引大批媒体还有人们的目光。

（上）慈禧扮观音，中国最早的角色扮演
（下）台湾的角色扮演玩家，两张图有异曲同工之妙

角色扮演始于日本 20 世纪 70 年代，动漫爱好者在贩卖自己创作的动漫作品时，安排一些人打扮成作品中的动漫角色，成为这些组织在会场中的活动广告，藉以吸引同好来参观自己的摊位。

到了 90 年代初期，角色扮演传入香港和台湾，最近国内校园里也开始流行起来，称为“动漫真人秀”，广州、杭州的国际动漫节、上海游戏展，还有中国最大的游戏展之一 ChinaJoy（中国国际数码互动娱乐产品及技术应用博览会），以及各地园游会和动漫展都以他们为主角，吸引大批死忠粉丝。在国内以动漫社为主的角色扮演玩家，已经形成庞大的消费群体，他们和港台以及日本玩家在虚拟空间中联结，形成一股庞大的青少年流行文化消费群体。

角色扮演是业余爱好者以服饰和道具配搭，加上化妆造型、身体语言等，扮演成一个自己喜爱的角色。扮演者称为角色扮演者（cosplayer，简称 coser），角色扮演题材包括了扮演漫画、动画、电玩、电影、乐团和自创角色。据香港 cosphoto 网站介绍，角色扮演是一项有要求的兴趣，要求扮演的玩家传神地去演绎一个角色，所以基本要求是“形似”和“神似”。服装、道具、化妆，甚至发型都要相似，神韵也要相似，举止动作、神态都要相似。cosphoto 网站标题是“一个在梦想中建立的网站”，强调“角色扮演是因为自己喜爱一个角色而扮演。是一种自娱的兴趣”。

角色扮演就是粉丝以具体行动来表达对某个角色的热爱，因为喜爱这个角色才会开始玩角色扮演。台湾玩家 Stay 解释说：“由于受到某个角色或某个人个性感动到心情无法平复时，就以装扮成这个角色来延续这种感动……生活中一直存在 cosplay 的影子，那么就等于生活中有一部分总是燃烧着猛烈的爱。”

比较台海两岸角色扮演玩家，可以发现两地各有特色。大陆以社团为主，而台湾以个人为主，没有组织。但玩家们的心得和扮演动机都一样。台湾师范大学的吴东宜已经有九年玩角色扮演经验，她说，“有爱才可以 cos”；北京交通大学动漫社的浦达也说，“作为 coser，心中应该有爱”。所谓的“爱”，就是对这个角色的喜爱，对这个角色的情感投入和凝聚。

角色扮演玩家是最积极主动的粉丝，在遇到喜欢的角色和偶像后，会被一股热情驱动去寻找一切有关的资料，想尽办法制作需要的服装、道具、竭尽所能地搜集和购买，和同好交流，待一切准备好后，会拍照或参加活动，将照片放在网上，让所有人都知道，自己是如何爱上这个角色。事实上，角色扮演者比较“宅”，长时间关在家里上网，多半安静内向不多话。要在众人面前表演和展现自我，的确是这群宅男宅女的挑战，也是角色扮演最吸引人的地方，是什么力量使得内向的玩家们走上舞台，穿上夸张的戏服和道具加假发，勇敢地在众人面前秀自己？

北京玩家浦达最喜爱扮演的角色是日本动漫《火影忍者》中“鼬”这个角色，他认为这个角色和自己不张扬的个性有相似的地方，触动了他内心。虽然这个角色是个反派，但是他其实有个好心肠，只是因为过去的阴影使得他注定成为坏人。浦达说，他会幻想自己成为动漫中的角色，这些角色鼓励他往正面和乐观的方向思考。他说当化身这个角色在舞台上得到大家掌声的时候，“那一刻自己就是明星，自我价值得到了体现！”

其实，角色扮演并非舶来品，北京景山公园里，周末常见到一群群练嗓子的老人家们，他们陶醉于京剧或老歌，配上简单的二胡或手风琴，公园一角就是他们的舞台。如果兴致高了，戏迷们粉墨登场，化身心爱的角色，台下如雷的掌声让他们如痴如醉，欲罢不能。

台湾前海基会董事长辜振甫就是著名的京剧票友，他最喜爱扮演的角色是《空城计》中足智多谋的孔明。曾经远赴东京粉墨登场的辜振甫，想必十分享受扮演诸葛亮的乐趣。他在现实生活中，运筹帷幄两岸大计，显然他在孔明身上看到自己，英雄惺惺相惜。化身孔明的辜振甫，跳离了他平日面对影响两岸局势的庞大压力，变身孔明让他可以设身处地体验不同的情境与心情。

角色扮演出自人们心中对各种版本人生所存在的渴望。我们幻想一个不一样的人生、我们希望化身故事中心爱的角色，为生活增添色彩，做平常不会做的事，享受做不一样的自己的感觉。我们看电影、小说，沉迷于动画或网络游戏中，都是为了满足一个向往不同版本人生的私密幻想。

粉丝经济原理贯穿古今，原来，京剧票友和角色扮演玩家精神一致，都是粉丝经济最佳代名词，都是体验式消费、认同感经济的实践者。故宫、颐和园还有许多主题公园都可以看到游客穿上皇袍帝服拍照过皇帝瘾，痴迷的京剧票友粉墨登场，青少年亚文化角色扮演潮流，以独一无二的体验为生活增添色彩，我们喜欢换个口味尝试不同的角色。消费者喜欢上一个品牌，就是认同一个品牌所代表的精神，将自我投射到这个品牌。我们选择使用这个品牌，因为我喜欢，因为可以展现自我、肯定自我。

消费就是体会刹那的过程，不论中西或古今，让消费者感动、触动内心情感才是成功的品牌。今天的消费者更复杂，品味难以捉摸，品牌更需要创造故事，凝聚消费者，抓住消费者的内心情感才能打动人心。粉丝在偶像身上看到美好的自己，角色扮演玩家在角色中看到自己，在舞台上勇敢地演出，“做自己”这股力量驱使玩家突破自我，大胆秀自己，这就是角色扮演的魅力。消费者投射自我于品牌之上，品牌需要抓到消费者内心的自己，诉诸于内心深处的感动，为消费者打造独一无二的体验。粉丝竞争力，来自粉丝内心的爱，来自我们做自己的勇气。

粉飞客创意飞天

"换过衣服，重梳过发髻，房里少了两个妙龄女子，多了两个少年。

"姐姐，每次扮男孩儿都是你最像——"

临秋羡慕地打量着沐夏。平时的姐姐，姿仪出众，文静优雅，一派大家闺秀的标准模样；在此时，她也还是面容唇红齿白，气度温雅从容，身段修长匀称，但举止潇洒，玉树临风，分明变身为一个俊美绝伦的翩翩美少年，不像她，矮姐姐半个头不说，一张脸更是怎么看都只像个没长大的俊秀小孩儿而已。

老天太不公平，明明她只比姐姐小一岁，怎么会差那么多嘛？

"姐姐，你要是生为男儿身，不知道会迷倒多少女孩家呢？"

——摘录自"荐赏文"《舞红尘》，《百度帖吧》的《小葱的图书馆吧》

虽然以上这段文字没有提到李宇春，但是女子中性打扮的描述，完全是以李宇春为原型创造的故事。玉米网络社区上可以见到大量玉米创作的文字和影像作品，我们称为“玉米文学”。这些作品多半以不知名的古代为故事背景，以类似武侠小说的场景和文笔，倾诉对李宇春的喜爱，故事情节围绕李宇春的个性展开，例如单纯、善良、淡定、寻求真爱、坚持等。

除了文学创作外，日益廉价且使用友善的科技帮助粉丝发挥创意，轻而易举制作影视作品。偶像的形象配上自己创作的歌词或音乐，这些粉丝创意作品在网上可以无限联结，无限延伸。还有粉丝热衷对原作进行改写、续写，并将改过的内容发布在网络上供大家分享，这些创意粉丝称为“粉飞客”（fan-fic），来自英文“粉丝”（Fans）和“虚构小说”(Fiction) 两个字的结合。

2009 年在国内上映的电影《星际迷航》（*Star Trek*）原来以电视版出现在美国，60 年代以来在全球各地一直有着大批死忠粉丝，他们自称“迷航者”（Trekker），他们的特色是喜欢自己动手改编内容，写前传、写续集，还发挥想象力为剧中演员配对，发展地下恋情，“迷航者”多年来是美国学者研究粉丝的最佳案例。

国内这几年也出现大量粉飞客，例如美国电视剧《越狱》（*Prison Break*）的“粉飞客”就自己在网络论坛上决定剧中人物的命运。2008 年国内终于出现了本土“粉飞客”代表作，《奋斗 2》原来是粉丝们的创作，该剧本一共有 32 集，文字很有原作者石康的风格，还有网民留言说：“让我们跟石康 PK 一下，看谁写得更精彩！”

迷研究学者指出，粉丝藉由书写与创作，将网络空间作为表演平台，进行自我认同建构。学者詹金斯举例说，过去粉丝使用家庭录像机录下画面，重新编辑，把不同的画面剪接在一起，配上自己喜欢的音乐，为媒介文本创造新生命。这样以“挪用文本”方式自制的迷音乐录像（fan music video），事实上是一种独特的迷文化形式。这些迷创造的文字和图像作品建构了“迷文化”，丰富了媒介内容。

玉米文学是国内粉飞客中最活跃的一例，《玉米志》是“喜欢李宇春的人（玉米）的记载（志），一册记载春春成长的电子书，记载着玉米和葱（李宇春的另一昵称）的成长轨迹及感动、美好的瞬间”。还有玉米用黏土自制李宇春的模型，这个可爱的人形照片在网上广受玉米欢迎。玉米藉由书写与创作，将偶像置于自己手中、电脑键盘中，借此掌握偶像形象，延伸对偶像的幻想，跨越粉丝和偶像间巨大的鸿沟，将自己置于一个与偶像共同存在的幻想世界中。

玉米以黏土自制李宇春的模型（摄影/葱的大拇指）

在挪用文本、为文本赋予意义的过程中，玉米是抱持着什么想法呢？制作第14期《玉米志》的作者，网络化名“当我变成玉米粉”留言说："偶（我）梦想打造一个能让人产生无限联想的世界，所以猪头三般放了很多歌……谢谢大家的支持和回帖，我每次来看到你们的回帖就好开心，虽然看起来都差不多……不过也足够我高兴一阵子的了……呵呵…… 祝大家天天开心，花痴总有好心情……”

粉丝在网络上的创作是表演行为的一种，经由书写和创作的循环，创造了一个让人产生无限联想的世界。玉米将李宇春文本置于一个幻想世界，以书写和挪用李宇春形象、歌曲的行为，重新赋予李宇春这个符号自己的意义，将李宇春永存于网络空间中，供玉米一再观赏，重复消费，建构了丰富的玉米文化。

过去录像带时代，粉丝只能以笨拙的剪接技术，自己动手改编剧情，邀请同好一起到家里观看分享，或者寄信到电视台建议或抗议对角色的安排。早期的粉丝在强大的主流媒体势力中，只能发挥微薄的力量自娱自乐。今天的粉丝可以尽情书写与创作，透过网络展现创意。粉飞客的无尽创意，还有衍生的各种创作是粉丝核心竞争力。

我们都是一家人

“因为她是我们自己选出来的歌手”，这句话可以在许多玉米网络社区看到。玉米强调自己与其他追星族之不同，网络化名“叶影”说，自己不是粉丝，因为玉米不是歌迷，玉米是李宇春的“家人”。家人是许多玉米的常用词汇，网络化名“幽幽紫竹”说：“玉米和春，不单纯是崇拜与被崇拜的关系，而是朋友、家人！玉米的心里只有春，春的心里也时刻装着玉米，彼此都为对方着想。”许多玉米也强调，玉米不是追星族，李宇春和玉米是家人关系，玉米将李宇春称为“小孩”，网上许多玉米对李宇春的关怀，表现了父母关注孩子的情感。

玉米是家人，玉米社区是家，这个家没有现实社会的负担，更令人流连忘返。这个美好的家园让玉米暂时脱离现实与体制，躲藏在网络空间中喘一口气，尽情寻梦，与虚拟家人相聚，分享追星心情。玉米家庭文化不是个案，国内许多粉丝彼此互称为“亲”，将同一个粉丝群体成员视为家人，这种特殊的迷文化，是国外迷研究中少见的特例，也是国内迷文化的特点。

摄影／钟宜杰

真人秀崛起的偶像与粉丝关系更加紧密，是粉丝成就了一代平民歌手。粉丝觉得这些歌手是自己选出来的，粉丝与偶像的关系不是那种出道就是明星和粉丝间的感觉。网络提供了粉丝与偶像天天相聚的家园，这是粉丝表演的舞台，粉丝在观看偶像的同时，自己也加入了演出的行列。粉丝将自我理想投射于偶像身上，肯定自己并将认同内化，在比现实世界更美好的想象的家园中得到满足，在现实社会中付诸行动，做优质粉丝以凸显偶像的好处。平常在现实社会上可能是被压抑的追星族，网络提供了展现自我的平台，交换信息、寻找同好与消费偶像文本的空间。网络空间无限延伸，这个虚拟家园无限延伸，人们在其中找寻认同，对他们所消费和展示的文化和物品有清晰的认知。

玉米喜欢上李宇春是偶然的，但是一旦被李宇春的特质吸引成为玉米后，在不受到主流社会肯定的情况下，玉米加入了一个既虚拟又现实的玉米社区，这个社区遍布全世界，玉米可以在这个虚拟家园中，找到“想象的家人”。玉米藉由书写、创作和交流，想象自己成为李宇春的家人，大量重复消费李宇春文本，忠诚地购买李宇春代言产品，借此将李宇春占为己有，跨越与偶像间的鸿沟，找到了属于自我的私密家园。

摄影/乡有人

80 后、90 后一代伴随着网络长大，他们在网上有虚拟男女朋友、老公老婆或宠物，关系虽虚拟，但可能比现实社会更长久、更紧密。以《魔兽世界》游戏为例，有个玩家在现实社会中是个警察，他不幸因公殉职后，有玩家在虚拟世界里为他举办了丧礼，还有许多战友前来祭拜。社交网站如开心网、Facebook 的流行，朋友开始分虚拟与真实两种，家人也分虚拟与真实。网络世界脱离现实社会的束缚与成规，虚拟空间中不分性别、年龄、地点、地位与贫富。相比之下，游戏世界带给玩家现实社会无法比拟的乐趣，虚拟的友谊与亲情可以更直接，因此有时更真实、更动人。

许多动人的故事可以在玉米社区中找到，为了发扬李宇春淡定、懂事的人格特质，玉米们努力做优质玉米，不断累积情绪资本。玉米的案例，不但凸显网络时代粉丝跨媒介寻找偶像的规律，更显现主动受众以网络为主，创造文本，循环不已，发展超现实的友谊与家人关系，从虚拟社区跨入现实社会。粉丝的超级行动力，领导消费潮流。粉丝无尽创意和行动力，以粉丝社区为活动平台，建构粉丝经济基础。

粉丝经济是有机的，能够自主生长，不断地繁衍，适应各种环境，为消费社会带来源源不绝的能量与创意。最重要的是，粉丝经济的有机性来自大众，来自粉丝内心的情感，粉丝主动性是粉丝经济特征，粉丝能量自下而上，由内而外扩散，在网络上以社区为行动单位，权力不再是垂直上下的关系，而是分权式的平等组织，如同水上涟漪般横向发散，延绵无止境，四海一家。

粉丝推动全球地方化

真人秀狂潮席卷中国，媒介全球化时代已经降临，但国内学界探讨媒介全球化的论点偏向“文化帝国主义论”，认为“以后人类文化必将归于一统，臣服于强权及大资本家同谋建立的消费性工业文化”。有些学者认为粉丝是全球化产物，批评粉丝被动地入迷跨国机构所创造的偶像，成为被操控的无理性受众。殊不知，各国国情不同，只要比较英国《流行偶像》授权播出的 22 个播出国家每个国家选出的偶像，就知道全球化造成文化同质化是不可能的事情。

关注文化同质化的法国学者让－皮耶·瓦尼耶（Jean-Pierre Warnier）在《文化全球化》（*La Mondialisation de La Culture*）一书中说，“人类事实上是制造差异的机器，并且以差异来突出自我。”每个国家、民族、团体都会捍卫自我的文化，有关文化同质化的争论其实是一种“想象的焦虑”。大型集团利用科技与市场推动全球化，进行前所未有的财富重分配，但是人们则随着商品及服务提供的多样化，更趋于多元与分众化。

我们在探讨粉丝这门好生意的时候，可以从中国粉丝特色里找到地方文化与地方创意。从2005年《超级女声》开始，国内粉丝以网络粉丝社区为中心，展现了强烈的地方特色。李宇春的迷首先自称"玉米"，接下来张靓颖的迷自称"凉粉"，双方的迷群对峙，在虚拟和现实空间中比拼粉丝实力。2006年《超级女声》各选手的粉丝，更演化出各种多样的名称，例如胡灵的迷自称"灵芝"、谭维维的迷是"维生素"、尚雯婕的迷叫"芝麻"、许飞的迷叫"飞碟"、郝菲尔的迷叫"爱菲尔铁塔"等。从名称延伸到不同粉丝群体特有的文化，加上粉飞客自制的各种媒介创意作品，粉丝自发活动，还有粉丝爱心活动，粉丝创意不断延伸，凸显强烈的地方文化魅力，更胜全球化的影响。

如此特别的追星行为，两岸三地都没有先例，2005年的《超级女声》开创了有中国特色的粉丝族群，在全球迷研究中具有特殊研究意义，更可以借此一窥国内消费社会新面貌。粉丝独特的生产动力催生地方亚文化，文化全球化更重要的是地方上的实践。我们身在中国，消费全球，国内粉丝的地方实践结合了身份认同和地方创意，推动全球地方化，展现粉丝超级行动力。

中国传媒产业的特殊性带来国内粉丝族群媒介消费行为特点。传统媒体扮演喉舌的角色，关注主流文化，无法满足粉丝要大量看见偶像的需求，因此网络平台成为粉丝寻找偶像的最佳工具。粉丝在网络社区藉由发帖回帖的书写方式，和同好交流，满足追星渴望。代代有偶像出现，粉丝成为最具消费实力的群体，网络成为粉丝交流与交友最佳媒介。

全球化将各种文本内容推向世界，许多在自己国家内默默无闻的乐队、漫画、歌手、电影在世界各个角落都可以找得到粉丝。例如日本、韩国的动漫产业虽然有语言的限制，但热情的粉丝自发翻译，将这些作品及时在各地网上播出，粉丝自发的力量与热情更胜于跨国企业雄厚的资金。网络及全球化让弱势文化也可以打破语言与文化的隔阂，从边缘走入主流媒体掌握的渠道。在粉丝的参与及网络的推波助澜下，只要有好的内容，一些传统的、弱势的、被忽略的或即将消失的文化内容，都可以在世界各个角落找到粉丝，经由粉丝追捧成为核心文化。粉丝力量推动了全球地方化，丰富了全球文化内涵。

我们身在中国，消费全球，粉丝推动全球地方化，展现超级行动力（摄影/梁永光）

偶像站出来

粉丝成就了偶像，偶像名声取自于社会，高收益也来自社会，明星名人靠名气吃饭，占有相对多的社会资源，他们从社会获得巨大利益的同时，也应当承担相对多的社会责任，肩负作为社会榜样的功能，这样才可以达到权利与义务的均衡。

偶像社会影响力与经济价值来自大众的关注，涉及社会利益，所以在某种程度上必须牺牲自己的隐私权，承担更大的社会义务与责任。世界各国民法都对公众人物的隐私权进行了必要的限制，例如要求公务人员公开财产的阳光法案，要求公众人物对媒体的曝光都要有一定的容忍义务。媒体肩负对公众人物的监督责任，比如台湾媒体的狗仔队就经常揭发贪官劣迹与名人绯闻。

名人身兼社会榜样的功能，名人要向英雄靠拢，必须借用英雄的光环来树立名人崇高的地位。所以我们看到名人明星积极参与各种赈灾募款活动，从南亚海啸到四川地震到台湾水灾，报章杂志一定会细细列出每个名人捐款数目，仿佛捐款数目是名人英雄指数，而赈灾募款晚会更是名人成就不朽的舞台。

2009 年台湾八八水灾后几天，远在纽约洋基队打球的台湾棒球英雄王建民用受伤的右手，歪歪斜斜地写下他对台湾灾民的鼓励 ："我相信无论受到多大挫折，我们还会站起来！" 他的经纪公司也提供王建民及旗下球员的手套、签名棒球等球具义卖赈灾。"建仔为台湾加油" 这条新闻上了台湾各大报章的头条，名人带头与灾民们一起疗伤，携手共渡难关。

同样在纽约，2001 年 9 · 11 恐怖分子攻击事件后几天，天空中还飘着世贸双塔陨落的尘土，洋基队老将伯尼·威廉姆斯走上球场打球，望着满场的球迷，他所能做的，就是好好打一场球。当时洋基队能够为这个受伤城市所做的，就是将生活规律带回纽约，给人们一点继续过日子的希望。伯尼· 威廉姆斯多年后回忆这场球赛说，"我从来不知道，身为一个球员，我的影响力有如此之大"。他在 16 年球员生涯中曾获选年度明星球员多次，但只有在 9 · 11 后，他才发现自己的真正价值，原来无论在球场内外，球员们都是安定人心的重要力量。

这是个失去英雄的年代，许多名人只好义不容辞地发挥名人效应行善，推动社会正义。2005年，U2乐队主唱波诺和比尔 · 盖茨夫妇同时成为《时代》杂志年度风云人物，照片高高悬挂在美国时代广场。波诺除了在摇滚乐坛叱咤风云外，更是一位积极的社会慈善家，近年来致力于落后国家的扶贫减贫工作，他向40万非洲艾滋病患者赠药；举办全球巡回演唱会，成功促使发达国家免除世界贫穷国家的400亿美元债务，因此被提名2005年诺贝尔和平奖。

国际影星安吉丽娜·朱莉则接下了黛安娜王妃遗留下来的行善火炬，多年来担任“联合国高级难民署慈善大使”。她说：“如果我以积极的方式利用名声，它或许就意味着可以影响年轻人，使其参与进来，这么做很值得。”明星名人也常运用影响力推动环保、节能、减碳生活理念，美国前副总统戈尔因“唤醒了对由气候变化所带来的危险的意识”，获得2007年诺贝尔和平奖。以《泰坦尼克号》电影成名的莱昂纳多自称是“环保积极分子，人生的两大激情就在于演戏和环境保护”。周迅是国内较早关注并参与环保行为的艺人，2008年成为联合国开发计划署（UNDP）中国第一位亲善大使。

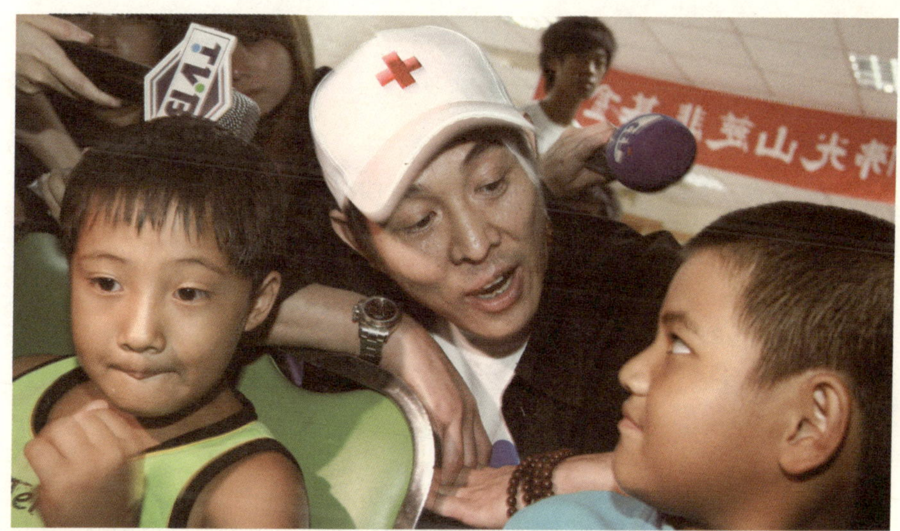

李连杰探视台湾八八水灾灾民（壹基金提供）

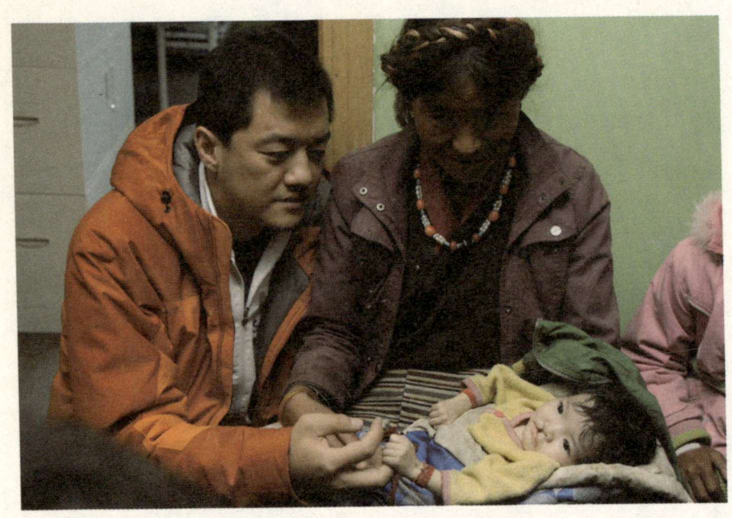

李亚鹏探视嫣然基金会帮助的儿童（嫣然基金会提供）

李宇春是国内积极参与慈善公益活动的偶像之一，从2005年捐助上海慈善基金会、白血病患者开始，2006年在红十字会设立“玉米爱心基金”，这是国内第一个以粉丝为名设立的专项基金，至2007年这项基金捐款已超过100万元人民币。来自成都的李宇春特别关注2008年四川汶川大地震，一直积极参与赈灾与捐款活动。

香港明星们每次赈灾都不落人后，近几年来，他们为南亚海啸举办了“爱心无国界，送爱到南亚”活动，为四川汶川大地震举办了“演艺界5·12关爱行动”大型募款活动。只要演艺界的大哥大姐号召，港星们一定齐心响应。国内名人近年来积极投入公益事业，李连杰在经历印度尼西亚海啸生死关头后，在两岸三地成立“壹基金”推动公益事业，为各种灾难提供人道援助。他还是中国红十字会“博爱大使”及世界卫生组织“亲善大使”，不遗余力透过各种渠道为四川地震等天灾募款。相较于一些运作不透明的的公益机构，以名人为后盾的公益组织自然获得了大众更多的信任。试想若不是因为李连杰的名人效应，我们会愿意毫不保留地捐款给他吗？李连杰的“壹基金”以私募基金方式号召全社会参与，集合各方力量打造慈善产业链——愿意出钱的出钱，愿意提供平台支撑的也可以随时加入进来。李连杰化身慈善 CEO，开创全新的非政府组织模式。

有趣的是，香港娱乐版八卦小报说，艳照门事件的主角陈冠希事发后一直在找机会复出，香港无线电视为台湾八八水灾举行的募款晚会成为一个好机会，陈冠希早早就到场排练，但是最后还是没有让他上台，艳照门事件的女星们也都没有露面。无线说不想混淆赈灾的焦点，其实是不想让募款晚会成为丑闻主角漂白的良机。2008 年汶川地震后发生的章子怡的“诈捐门”事件，为偶像行善还是诈捐画上问号。章子怡募得的捐款费用数目由 50 万美元降到 5 万美元，再以工作人员失误为由，向网友道歉，账目不明的结果引发怀疑风波，加上危机处理失当，让章子怡落得一身骂名，形象严重受损。人们对这些事件特别敏感，就是因为偶像身兼社会榜样的功能，偶像在从社会获取巨大利益的同时，应肩负更大的责任。

面临天灾人祸这样的巨大伤痛，社会需要集体疗伤，这就是偶像发挥安定人心功能的关键时刻。除了实质的赈灾募款，偶像们具有抚慰受伤的心灵，带领人们走出灾难阴影的神圣功能。偶像的名声与财富取之于社会，对粉丝具有极大的影响力，在面对社会巨变之时，正是偶像回报社会的时机，我们更需要偶像卷起袖子站出来，带领大家走出伤痛，共同面对明天。

媒介无所不在的社会是表演社会，我们时时刻刻都在观看与表演，媒体上再现的生活风格、全球化呈现的异文化景观，还有我们在旅行中看见的景观，包括飞机乘务员所穿着的熨烫整齐的制服与谦恭有礼的服务，事实上都是一种表演、一种戏剧概念的延伸。这种例行生活表演化的特色，使得日常生活中所有事件都成为一场演出，人们都成为参加演出的表演者。

6 我迷故我在

你是否注意到，我们消费音乐的方式，已经悄悄改变。

从前我们购买一张专辑，以线性方式——聆听，听一张专辑里好听不好听的全部歌曲。有时候我们购买合辑，里面是当年流行音乐大集合，这些音乐漫无目的地放在一起，我们没有选择。

摄影/梁永光

现在我们听音乐都在网上听，有大量最新最热门的歌曲供选择。从专辑到EP(只有五首曲子的专辑）到单曲，音乐的物理载体已经成为纪念品，购买的目的只为了搜集偶像的形象，或帮助偶像冲业绩。iPod等新科技产品出现后，我们在网上购买、下载单曲，我们不再买专辑合辑，我们只买一首曲子就好。iPod让我们可以自己当DJ，我们可以随心情跳跃聆听不同歌曲。

手机铃声与来电答铃越来越普及，我们现在连一首歌都消费不了，我们只要一段旋律就好。注意力短暂的我们连一首歌也没耐心听完，一首歌已经被切割，我们用手机下载一段旋律。

从专辑到单曲到手机铃声，音乐只剩下一段旋律，这段旋律以手机来召唤我们，无法拒绝，一天24小时，终年无休地跟随着我们。手机是时尚配件，手机铃声与来电答铃，凸显我们的生活风格。

手机铃声与来电答铃已经成为当代人们的品味象征，这段旋律代表着你，天天粘着你。听什么音乐、看什么书、品尝米其林五星级美食、参加开幕式或私人聚会或去巴厘岛旅游，都成为每个人凸显个人风格与身份地位的方式。在多元社会中，我们注意我们的外表、我们开着显示地位身份的车，加入特殊的俱乐部，我们看时尚杂志学习当季流行穿着与皮肤保养方式、我们关注手机品牌与款式，还有手机铃声与来电答铃，我们自拍或被拍，在虚拟与现实空间中，时时刻刻展现自己。

照片是没有围墙的卧室

港星陈冠希艳照门事件将“自拍”变成 2008 年最热门的关键词。人们为什么自拍？信息社会研究先驱麦克卢汉早就提出了他的见解：拍照让人类感官在媒介无所不在的环境中延伸，人们在媒介影像中看见自己，因感到自己身体形象不断延伸而陶醉不已，这样的媒介消费行为是愉悦的，人们看见自己，陶醉于自己的影像中，得到满足，肯定自我的存在。我拍故我在。

艳照门事件具体凸显了网络无远弗届的速度和广度，我们集体参加了一场偷窥盛宴，当事者和网民共享人性与欲望。麦克卢汉说“照片是没有围墙的妓院”，艳照门事件将照片变成“没有围墙的卧室”，陈冠希的卧室真实地呈现在你我眼前。

我在故我拍，我拍故我在（摄影/郝笑天）

人性的窥视欲望，将今日社会推波助澜变成一个表演的舞台，人人随时随地是主角与观众，看与被看，无论你是否愿意。我们在虚拟空间中与陌生人分享心情。人们关心自我的形象，也观看他人表演，日常生活成为舞台，人人都是演员。虚拟与现实交错，人生如戏，台上台下，没有分别。艳照门事件最让人玩味之处在于，这些主角就是演员，卧室是舞台。

拍照是为了自己爱秀，为了满足自我，以科技来肯定真实。人们有自拍与被拍的欲望，是一种自恋的表现，以科技延伸自我。今日媒介无所不在的社会中，被拍者与拍摄者都是表演的主角，虚拟与现实融合，私密与公开表演就在一线之间。

相机记录生活点滴，拍照是为了满足自我，上传到网络上与朋友分享，iPhone让照片上传更容易，网络的精神就是分享，未来人们网络使用行为模式将改变，上载将远远超过下载，人们越来越主动，无所不拍，想拍就拍，导致网络上原创内容将越来越多。

媒介使得日常生活之一切如风格、服饰或音乐等都成为表演，我们时时刻刻注意自己的形象，无论是来电答铃还是手机铃声都彰显个性品味，我们穿着得体的、时尚的衣服，交换好莱坞影星八卦或养生保健食谱，我们身在中国，消费全球。我们自拍、写博、在网络空间发帖回帖，无所不在的媒介环境是我们表演与观看的舞台。

观看与表演的风格社会

人生如戏，表演不再是单一事件，它融入人们日常生活之深刻，使我们几乎难以察觉其存在。媒体不再有形式类别之分，也没有时间、空间的传播差异。地方与全球、私人与公共的差异不再，表演者与观众之间的距离消失。无所不在的媒介环境中不存在表演者或观众的分别，因为每个人都同时采取了两种角色：在观看他人的同时，亦是被观看的对象。

在媒介无所不在的环境中，人们以媒介科技展现自我，既观看又被看，我们身在一个表演社会中，这是 20 世纪 90 年代受众研究学者提出的研究方式——“观看与表演”范式。媒介影像大量进入日常生活，人人直接间接成为受众，人们将自己呈现在他人面前，也同时想象他人如何看待自己。消费的意义是为了凸显自我，消费者以消费凸显自我主体性。从学术层面来说，这个范式深入探讨了受众的主动媒介使用行为，以及消费者自我形象的搜寻与建构。

90 年代末在新传播科技普及下，以大众传播为主的效果研究与文化研究范式面临挑战，过去学者以为受众面对大众媒介强势宣传，人们是被动的。后期学者发现，受众角色随着科技发展变迁，开始关注受众主动性。在所有提出的研究方案中，以“观看与表演”范式最具理论完整性。

1998 年，亚伯克比（N. Abercrombie）与朗贺斯特（B. Longhurst）在《受众》(Audiences）一书中提出了“观看与表演”范式（Spectacle/Performance Paradigm，SPP)，成为继 80 年代霍尔（Stuart Hall）提出“编码／解码”（Encoding/Decoding Mod）范式后，最重要的受众研究范式。

2005 年美国核心期刊《行为科学期刊》(*American Behavior Scientists*）出版特刊讨论新媒介与受众行为，特别探讨“迷”和“追星”的偶像崇拜行为，该特刊引用“观看与表演”范式分析粉丝媒介消费模式，探讨科技与受众复杂的关系。粉丝是最主动的受众，在追星过程中，科技帮助粉丝展现自我，享受建立自我形象的乐趣。

台湾学者张玉佩以“观看与表演”范式探讨网络受众，她的博士论文《当代阅听人研究之理论重构：试论阅听人的思辨能力》，强调受众主动思考能力，探讨人们媒介消费行为中非理性的一面，受众身份是流动的，具有“多元的、流动的后现代社会主体观”。例如手机相机与网络的结合，使受众随时成为媒介消费的主体，同时是观看的主体与被观看的客体。

“观看与表演”范式以人为出发点，为受众研究带来新的视角，解释多元社会中受众的媒介使用行为及规律。科技塑造了人的新角色，主动的受众以强大的创造力，凸显自我。在疏离的现代社会中，人们的媒介消费行为，为自己找到了定位，丰富了人们的日常生活，更重要的是，这个观看与表演的舞台，以我们为主角。

个人主义挂帅，我们就是要表现自我独特的一面，女明星们特别害怕不小心和其他明星穿上一样的衣服，手拿一样的包包，这些撞衫撞包的照片，是八卦杂志的最爱。传统以功能和价格为取向的产品已经过时，我们关注个人形象的表现，使用有美感有品味的消费产品。我们不再以财富地位为成功下注脚，奢华的低调才是潮流，我们的一切行为都在建立自我风格与品味。

■ 我们关注自己在他人眼中的形象（摄影/梁永光）

越来越多家长希望从小培养孩子的品味鉴赏能力（摄影/梁永光）

台湾《远见》杂志曾经以“品味学习潮”为封面故事，指出品味已成为职场、企业的新竞争力，认为好的品味有助于提高职场竞争力，更有自信、人缘比较好，和客户比较有话题，也较能打入高层社交圈。全球化的结果让高阶主管的跨国出差机会增加，与各国客户交流不再只能单纯谈公事，要如何与客户建立良好情谊，品味是很重要的谈话内容。全球到处飞的精英们所聊的共同话题不外是国际时事、时尚、品酒、美食、艺术品等。

品味风潮还有向儿童发展的趋势，现在越来越多国内家长希望培养小孩的社交鉴赏能力，纷纷送小孩上品味学习课程，学习打高尔夫球、摄影、法语、西班牙语、餐桌礼仪还有如何当个小绅士、小公主。

忙碌的现代社会中，人们追求精神生活的满足，文化与品味美感的提升，是生活富足后的下一目标。高价名牌产品并不一定代表品味，今天的品味达到新的层次，是更丰富的文化底蕴，追求更深层的意义，还有更独特的体验。我们透过消费追求梦想，展现个人风格，发挥创意与想象力，满足欲望，为日常生活中创造更丰富的意义与满足。消费是为了凸显自我，是欲望的体现，欲可欲，非常欲，欲望在消费中流动。

爱恋水中倒影

希腊神话故事里，美男子纳西斯（Narcissus）在水中看见自己，不小心爱上了自己的倒影，他拒绝了其他女神的追求，终日在水边观看，茶饭不思，憔悴而死，死后水边长出了带着紫蕊白瓣的花，后人称之为水仙花，水仙花的英文名字就是 Narcissus，“自恋”（narcissism）的英文就来自这个神话故事。弗洛伊德认为，在进化的初期，儿童的性本能冲动大多在自己身上求得满足，可以说，初期的儿童都是自恋的。拍照就是自恋，我们越来越爱拍，越来越自恋，并且理直气壮地自恋，理直气壮地爱自己。

“观看与表演”范式提出了“自恋”的概念。亚伯克比与朗贺斯特认为，“自恋”存在于人的内心深处，在现代社会中，人人关注自己在他人面前的形象。我们不断在他人或自己想象的观众面前表演自我，留恋自我的影像。

我们与球场上的运动员，都是这场活动的主角（摄影/郝笑天）

自恋其实是本能，自古就有。自恋的想象是整体社会的特质，而非特定的人格型态。在媒介无所不在的环境中，媒介全面进入人们的生活中，我们喜欢在媒介中看见自己，我们迷恋自拍，不断上传自己的照片，书写自己的心情。媒介的影像再创造，给我们带来无限想象，我们观看自己，也想象他人如何看我们。全球化带来无疆界的文本内容，无所不在的媒介景观提供了全球消费者一个想象的空间，人们生活在一个想象的世界中，想象距离遥远的人的生活，想象明星的生活。

学者麦克卢汉早在1964年提出“媒介即信息”时，也探讨了“自恋”。他说：

“媒介对个人与社会所产生的结果，带来我们自身的延伸，也就是说，媒介可以使得我们的身体再延伸，媒介作为一种新的技艺，进入我们的事务当中，造成影响。”

麦克卢汉认为，媒介作为一种技艺，对人类的影响效果往往不是发生在意见或概念的层次，而是在于这个媒介“稳定且无阻力地改变了人们感官的感觉率（sense ratio）或知觉模式（pattern of perception）”。也就是说，人们传播中使用感官的比例不同，如以视觉为主的印刷和以听觉为主的广播，人们在阅读时使用的感官以视觉为主，听广播时使用的感官以听觉为主。

新媒介创造了一个后现代的社会，虚拟成为人们日常生活中的一部分，突破了空间的疆界。人们经历了虚拟的真实经验，有时候，虚拟比真实还要真实，成为“超现实”。人类所有的感官得以在媒介无所不在的环境中不断延伸，虚拟成为真实。我们不断想象，享受真实世界达不到的乐趣，陶醉不已，这样的媒介消费是愉悦的，创造了一个多元的、差异的、易变的流动空间。网络游戏、好莱坞动画片还有3D电影，都为我们创造了想象无穷的空间，让我们流连忘返。媒介无所不在的社会是表演社会，我们时时刻刻都在观看与表演，媒体上再现的生活风格、全球化呈现的异文化景观，还有我们在旅行中看见的景观，包括飞机乘务员所穿着的熨烫整齐的制服与谦恭有礼的服务，事实上都是一种表演、一种戏剧概念的延伸。这种例行生活表演化的特色，使得日常生活中所有事件都成为一场演出，人们都成为参加演出的表演者。

表演成为世俗生活的常态，是当代社会的重要特质。各种表演型态的运用，充斥我们的日常生活，建构人与人之间的交往互动，人们陶醉于自恋带来的影像中，形成“观看／顾影自怜”的不断循环。天安门广场上的升旗仪式、在百货公司内消费、在咖啡厅上网聊天、看电影看演出，都变成一种仪式，一种表演，我们既观看又表演。

为什么在各种体育比赛活动中，赛场上庞大的荧幕往往喜欢播出观众的特写呢？这是因为我们与赛场上的运动员一样，都是这场活动的主角。我们在赛场上为球员加油打气、高呼口号，穿着奇装异服，形成一波波的人浪，我们一起参与这个活动，共同创造表演社会的体育奇观。舞台上的芸芸众生，既是这场演出的表演者，亦是在旁观看的人们。我们看自己，也看别人，舞台不分上下。

我们与赛场上的运动员都是主角（摄影／郝笑天）

我在故我迷

我们去巴黎或纽约，摩洛哥或墨西哥，北京或杭州，旅行的照片都以自己为主角，以名胜古迹为背景。天安门广场、故宫、长城、鸟巢、西湖、苏堤或白堤，只不过是旅游的场景、舞台的背景，来自全球的游客在最佳角度耐心排队等候拍照，只是为了证明，这个背景是为我存在的。这些照片，证明我存在的事实，伟大的故宫长城，只有在我的照片中，故宫长城也只有在成为“我的故宫长城”之后才发生意义。

如今的旅游，已不再是走马观花式的“到此一游”，而是本雅明式的城市闲逛漫游。我们不再参加千篇一律的团体旅游，纷纷选择自由行以及深度人文旅游，享用美食美酒、体验当地文化，感受旅游的真谛。我们以旅人的眼光凝视名胜古迹，随兴闲逛，放松心情，让全身细胞完全体会异地文化氛围，这些旅游经

我们以拍照肯定自我的存在（摄影/梁永光）

验，建构我们丰富的知识。某个产地某个年份的红酒，某个城市某个餐厅的招牌菜或私房菜，在茶余饭后的话题中，可以凸显我们的不同，而去过相同地方的旅人在异地相认，也仿佛因为去过同一个地方旅游而进入了相同的身份、地位和层次。

我们已经厌倦无聊的日常生活，旅行可以打破常规，在异乡的新鲜空气中，放松自己，感受自我。旅游更是为了留下独特的个人文化体验，我们去印度上瑜伽课，去意大利品尝红酒，去沙漠骑骆驼住帐篷，去北极躺在冰上看极地霞光，我们如此长途跋涉，就是为了那一刻的感动，这些都是为了证明我的与众不同，我存在的事实。当然，这个事实，必须以照片为证。

微博越来越流行，人们24小时发送自己的一举一动和想法。手机自拍加上短短的140个字，微博为你的生活留下痕迹，留下你存在的事实。这些芝麻蒜皮的小事，更加证明我存在的事实。拍照让我们满足自恋的本能，肯定现实的自我的存在。追星的功能，在于满足“我们想要当的那个自己”的渴望。现实的自己与想象的自己互相投影，因此，我“微博”故我在，我拍故我在，我迷故我在；与此同时，我在故我“微博”，我在故我拍，我在故我迷。

我们喜欢某个偶像，因为我们在偶像身上看到“我们想要当的那个自己”，我们要享受当那个“我们想要当的自己”的感受，因为我们不想当芸芸众生中默默无闻的自己，我们要满足心中的那个自我，偶尔想感受站在舞台上感受万众瞩目的那一刻，所以我们追星，其实是投射自我在偶像身上，追寻“我们想要当的那个自己”。

今天的社会越来越创意多元，我们开始重视家居装潢、穿着打扮，我们购买有设计有态度有概念的产品，关心每个人的独特性和主体性。过去大规模生产的传统制造业已经过时，我们选择手工打造的限量产品，因为限量，凸显自我的

我们在偶像身上看见自己（摄影/郝笑天）

不同。在媒介无所不在的环境中，消费者成为主动生产消费者，人人皆写博客拍播客，在网上创建文本与影像。我们的消费媒介行为围绕着自己，我们拍摄的照片，微博的内容，博客的更新，皆以我为核心。

我们在网络上持续创造内容，藉由点击、阅读与观看，参与共建文本内容的循环过程，成为同一个舞台上的演员。每个人所接触的文本，象征这个人所处的社会阶层，代表这个人所属的位置。现实社会中不同社会经济地位的个人，跨越疆界，跨越不同媒介平台，藉由同样的文本，找到了共享的基点。

（摄影/郝笑天）

粉丝成长三部曲

在观看与表演的多元社会中，这个世界就是舞台，我们时时刻刻都在表演与观看，我们注意自我的形象展现，关注手机的品牌与款式、手机铃声与来电答铃。粉丝是表演舞台的主角，粉丝媒介消费行为主动又特殊，成为预测消费者媒介使用行为的风向球，粉丝现象，全球瞩目，迷研究成为传播学受众研究中的显学。

粉丝研究在国内还属于新兴研究课题，但是迷研究在欧美已超过30年，学术领域横跨文化研究、传播学受众研究、人类学、社会学还有营销学范畴。粉丝研究从探讨受众的主动性开始，学术界发现粉丝是最主动的生产消费者，身份复杂，传播学与营销学更注意到粉丝研究的重要性——粉丝是受众中最具辨识能力，最挑剔的消费者，粉丝文化也是所有大众文化中最具特色、最有活力的。

2007 年纽约大学出版的《迷研究》(*Fandom*)一书特别对全球粉丝研究做了全面性的分析。这本书从历史轨迹将粉丝研究分为以下三个阶段，我们可以从这部分历史文献的整理中看到粉丝研究越来越成熟的脉络。

(一) 迷是美丽的

80 年代初是粉丝研究第一阶段，学者歌颂“粉丝是美丽的”，这是传播学关注受众主动性的开始。当时研究背景是第二次世界大战后,战争的宣传效果强大，传统大众传播媒介环境中的受众只能被动接受媒介内容。

在传统资本主义经济模式下，制造业必须以规模取胜来获取最大利益，同质化与群众利益优先，忽略个体主动性与差异。那个年代的大众媒介巨人挟着传播渠道资源稀缺优势，对消费者进行铺天盖地单向性强势推销传播。当时社会价值强调集体利益胜于个人利益，面对强势媒体与大型企业，人们渺小无力，但又苦无抒发渠道。

著名学者费斯克在《理解大众文化》(*Understanding Popular Culture*)一书中，以牛仔裤为例，解释受众如何在传统环境中发挥主动性。牛仔裤，是制造业的产物，大量生产样式单一，但是大家穿牛仔裤的方法却是多样的，比如扎染花色、不规则漂白。最特别的是，年轻人喜欢在牛仔裤上弄出破洞，表达个性与自我，这样穿牛仔裤的方式凸显了穿者对既有文化价值规范的抵抗态度。

在牛仔裤上弄出破洞这种“打游击”手段，就是居于弱势的我们对抗强势主流文化、表现自我、突出个性的方式。这种抵抗姿态一方面是我们主动性的表现，另一方面，大众通过表现自我，生产出了大众文化。所以说，“大众文化是大众在文化工业的产品与日常生活的交界面上创造出来的。大众文化是大众创造的，而不是被附加在大众身上；大众文化产生于社会内部或者底层，而不是来自上层，因为拥有权力的人是不愿意改变现状的。所以人们能够撕破他们的牛仔裤，这是他们挑战权力者的方式”。

迷研究首部曲的重点，在于探讨粉丝对抗主流媒体的行动力。80年代初，学者们很高兴发现粉丝具有挪用文本、再生产文本内容的能力，被动受众中竟然有积极主动的一群粉丝，能够抗拒当时大众媒介强大的影响力，用录像带录下自己喜欢的节目，再利用简陋的影音设备改编内容，寄信或打电话给节目编辑建议内容发展方向。但这股对抗主流媒体的力量是单薄的，这时期的粉丝只能以“打游击”方式对抗大众传播媒介，粉丝被称为“文本的盗猎者”，是偷用媒介内容、改编内容的非法猎人，以在牛仔裤上弄出破洞这种行为规律对抗主流媒体。

（二）迷是正常的，迷社群内存在社会阶级

这阶段的迷研究偏重于对粉丝行为模式的分析、探讨粉丝社区与一般社会不同处，粉丝研究开始成熟并受到重视。学者终于发现，粉丝与一般人没有不同。学者们过去还是以粉丝是“非正常人”的态度研究粉丝，以社会主流思考模式看待粉丝。从前学者认为相对于社会上的正常人来说，粉丝是社会上另类的非主流人群，是“孤独的、生活中有所缺陷或不满足的”，这个阶段粉丝研究的贡献是，扭转了粉丝不是正常人、是社会弱势群体的刻板印象。

但是对粉丝的负面印象我们还是经常在媒体报道中看见，媒体总是喜欢突出粉

我们时时刻刻穿梭在虚拟与现实空间中（摄影/梁永光）

丝疯狂不理性的特征，报道中喜欢用“他们”这个词语，认为粉丝是不正常的“他们”，而“我们”一般人是正常的普通大众，两者是对立的。《哈利·波特》系列小说和电影带来热潮后，《纽约时报》记者也以这样的负面态度嘲笑粉丝，报道中说，“这些哈利·波特粉丝虽然疯狂入迷哈利·波特，但事实上，这些人平时还是正常人！”

在第二阶段的迷研究中，学者们发现原来粉丝跟一般大众差别不大，粉丝毕竟是社会中的一个群体，有着社会地位的高低结构之分。粉丝社区中同样存在现实社会中的社会阶层差异。不过，粉丝社区内成员的地位高低，非社会既定的世俗陈规如金钱或教育程度高低，粉丝地位决定于粉丝对偶像累积的知识。追星多年的资深粉丝无论其在现实社会的地位高低，都比新进粉丝在粉丝社区中地位高。以玉米为例，有一些和李宇春比较接近的身兼媒体记者的玉米被称为“大腿”，在玉米中地位较高。在网络游戏世界中，玩家的技术与年资决定地位高低。

（三）人人是粉丝

第三阶段的粉丝研究是当前迷研究的主流，试着回答迷研究目的何在，试着抓住现代生活的基本要素加以分析。我们每个人心中都有情感，我们选择穿什么衣服，用什么品牌手机，都是个人风格的体现。人人是粉丝，入迷行为代表着情感的依附和寄托，追星与入迷展现我们内心欲望，我们想要在这个不断变化的后现代社会中找到心灵的慰藉。

今天社会上许多事情更是感性的，无法以理性分析，例如同意或反对复制基因或干细胞，宗教与信仰问题，还有全球暖化现象或环保课题。这些议题许多人都持不同看法，很难有绝对的是非对错的答案，有些人还对不少议题有强烈的情感投入。如同粉丝为什么喜欢上某个偶像，都很难以理性加以说明清楚。

社会是复杂多元的文化组合，包括许多重叠的小团体与亚文化。粉丝是身份认同，是构成社会众多亚文化的主体。粉丝主动积极消费内容，粉丝的独特文化，形成大众文化主体，粉丝社区是社会多元化的驱动力，不同的粉丝群体的存在，意味着社会对多元文化的认同与接纳。

媒介无所不在，我们时时刻刻穿梭于真实与虚拟空间，同时使用、消费和生产媒介内容。粉丝是做自己的行动者，粉丝不再是传播界特有的现象，粉丝反映人性。迷研究理论可以帮助我们理解与分析非理性的情绪，我们个人私密的情感，还有内心深处的欲望。研究粉丝，我们可以更加理解这个媒介社会中，我们心中对社会、政治、文化的现实认同。

迈向创意社会

商品化将一切人、事、物都转化为商品，所有人都变成生产消费者。每个人日常生活中最大兴趣就是消费，商品与消费者互依互赖。所有的文化都被商品化，所有的商品都被美学化。媒介成为当今社会最大、最主要且最丰富的影像来源，充满符号与意义，消费行为就是消费符号与意义。所有事件都可以被商品化，包括绯闻。反讽的是，艳照门中出现的陈冠希房间内的装饰、艳照门女主角所穿的内衣品牌或警察制服，都成为报章杂志津津乐道的八卦，引发另类潮流。还有“老虎”伍兹的女友们也都跻身名人符号，乘机代言或出书，海捞一笔。

商品化促使表演社会成形，日常生活美学化，人们重视自我形象的展现、精神生活的满足与提升。人们关心自己的影像和在他人眼中的形象。人不分美丑，只有风格。酷与不酷，潮与不潮，就在一线之间。风格化的世界中，对事物外观及其风格连贯性的强调，取代了对本质的重视。风格主导着社会阶层，将风格体现于一般人的日常生活中。穿衣不再是为了保暖，而是凸显身份地位，以及个人品味。台湾学者刘维公在《风格社会》一书中提出："生活风格是现代人生活的意义世界，是我们在建构社会现实时，使用的诠释框架，人与人的互动越来越依赖生活风格，风格主导日常生活。"

在充满影像符号的后现代社会，商品不再是商品，商品成为代表人的身份地位的品味象征。人们关注自己的穿着打扮，开着符合身份地位的车，参加某一或

摄影/梁永光

某些社区，用某种品牌的手机。在观看与表演的风格社会中，我们关心消费什么样的媒介内容，品牌与偶像，都是自我形象的展示。

在风格社会中，人们越来越重视媒介使用经验的重要性。流行文化不再庸俗，庶民文化代表个人品味和社会阶层，不同阶层没有对立或高低，只是品味不同。在科技的帮助下，消费者主动性受到史无前例的解放，粉丝的追星行为，是文化上与意义上的创造性表现。人们的媒介使用模式，是生活型态的重要组成部分，反映人们自己希望传达的品味阶层，媒介消费凸显个人品味与形象，建立自我的社会地位与群体声望。

多元社会的特质也反映在消费者身上，人们既是受众、阅听人、消费者、社会公民，也是网民与媒介内容生产者。消费者面貌多变，身份复杂流动。人们在媒介消费过程中寻求认同，展演自我，同时扮演不同角色，寻求不同目的，与媒介与社会维系多样的关系。媒介、社会与人的多元变化关系丰富了人们的内涵，一个建立在观看与表演上的风格社会，使得消费者有更大发挥创意的空间。媒介消费成为凸显个人品味与展示形象的工具，人们媒介使用行为界定了自己与社会之间的关系。

风格社会促使全球企业向附加价值高的文化创意产业转型，文化创意产业是目前全球最引人注目的产业，为金融危机带来复苏生机，带来新一波的经济成长。成熟的社会条件加速全球社会朝创意多元发展，各国政府近年来积极提倡发展文化创意产业，亦与社会上媒介影像的无所不在相关。

知识经济迈入了体验经济时代，主题公园、主题餐厅等纷纷以独特的视觉体验吸引顾客，创意成为发展经济的亮点。全世界文化创意产业每年创造的产值达220亿美元，并以5%的速度递增。中共十五届五中全会第一次提出要完善文化产业政策，加强文化市场建设和管理，推动文化产业发展，要从“中国制造”向“中国创造”转型，2007年创意产业首度被列为北京未来新的经济增长点。

创意是个人的，文化是集体的，文化创意产业，既个人又集体，在传统中提炼新意。文化创意产业要提供个性化产品，以创意吸引消费者眼球。受欢迎的创意难以预测，消费者的需求难以预料，网络社区上的意见与口碑成为消费指标。创意的发挥，要有多元丰富的文化环境熏陶。发展创意产业要给市场运作创造最好的条件。自由开放竞争的市场，得以让创意充分发挥，好点子可以变成好生意。

以美感风格为导向的粉丝经济诉求消费者的内心情感，是企业脱离微利竞争，向文化创意产业升级之道。粉丝的创意，是多元社会的写照，展现我们的自我和认同。粉丝的行动力，正是驱动创意的源头。粉丝经济，催生多元创意社会，改变今日媒介环境景观；粉丝当道，引领消费潮流，主导创意社会。

附录　21世纪初中国粉丝事件簿

2000 年 3 月，“中国动漫网”在重庆市成立，是国内成立较早的动漫门户网站。

2000 年 8 月，网络游戏华义公司以旗下主力产品“石器时代”名号开办“2001 年石器最佳 COSPLAY 大赛”，是国内比较早举办的角色扮演大赛。

2000 年，周星驰主演的电影《大话西游》在国内通过网络传播红遍全国大学校园，电影中的经典对白广受年轻人欢迎。

2002 年，姚明进入 NBA，在第一轮第一位被休斯敦火箭队选中。

2004 年，湖南电视台推出第一届《超级女声》歌唱选秀节目。

2004 年，芙蓉姐姐以其自信的文笔与特殊的照相姿态，成为网上人气火爆的红人。芙蓉姐姐连续 3 年笑傲百度搜索风云榜冠军，被各大媒体称为“前无古人，后无来者”。

2004 年 5 月，杭州举办“首届卡通漫画节 cosplay 大赛”，杭州 304 动漫社团获得首奖。

2004 年 11 月，“失传相声专场”带火了天桥乐茶园及德云社，郭德纲也随之红了起来。他在北京演出时创下返场 22 次的相声演出新纪录，媒体盛赞他是突如其来的相声新偶像。

2004 年 12 月，配合周星驰的新片《功夫》推出，号称“fan 屎”的星爷粉丝在台湾出版《我爱周星驰》一书，集合各界名人包括艺人孙燕姿、周华健，台湾作家骆以军及新闻主播立法委员等人文章，抒发对星爷的热情及分析星式幽默，还提供只有粉丝会注意到的电影细节。

2005 年，湖南卫视选秀节目《超级女声》捧红了包括李宇春、张靓颖等一群默默无名的女生，缔造了玉米、凉粉等一批新生代粉丝。粉丝这个词语成为一个人群的标志，羽毛、玉米、芝麻、笔亲、凉粉、盒饭、甜心、雪梨、年糕、飞碟等新鲜词语成为这群人的特殊名称。

2005 年，“粉丝网”创立，是一个专门为粉丝提供各种服务的专业娱乐网站。

2005 年，“豆瓣网”创立，豆瓣帮助用户通过喜爱的东西找到志同道合者，然后通过他们找到更多的好东西。

2005 年，首届中国国际动漫节在杭州成功举办，观众突破 120 万人次。

2005 年 12 月，负面粉丝媒体报道：偏瘫多年的疯狂歌迷谢锋在周杰伦广州演唱会上一口气服下 30 粒安眠药。两年后在张学友的长沙演唱会上，他带着遗书吞下了 60 片安眠药。

2005 年，易中天在 CCTV-10《百家讲坛》节目讲解历史，因其白话式的幽默分析受到追捧。

2006 年，上海文艺出版社出版易中天《品三国》一书，易中天被喻为“学术超男”。

2006 年 7 月，由“中国动漫网”策划并组织编写的《cosplay 全接触》出版发行。“中国动漫网”与 CHINAJOY 组委会再度合作举办“2006CHINAJOY 角色扮演嘉年华暨中国动漫网 6 周年庆典（北京文艺广播新派武侠专场）”活动。

2006 年 8 月，负面粉丝媒体报道：袁立遭遇“追踪男”罗先生的跟踪围堵。“追踪男”的行为激起了社会对“明星遭跟踪”现象的关注。

2006 年 9 月，李宇春在北京首次举行签唱会。

2006 年 10 月，于丹在央视《百家讲坛》连续七天解读《论语》心得，受到观众的热烈欢迎。同年 11 月，中华书局出版了于丹的《〈论语〉心得》一书。

2007 年 1 月，台湾《超级星光大道》节目播出，由台湾电视教父王伟忠打造的台湾地区电视歌唱选秀节目，推出了包括萧敬腾、杨宗纬在内的星光帮歌手。

2007 年 3 月，负面粉丝媒体报道：来自甘肃的杨丽娟为追偶像刘德华付出了沉重的代价，其父杨勤冀在香港留下遗书并跳海自杀身亡。她从 16 岁开始痴迷华仔，据报道其父亲曾卖肾卖房供其追星。

2007 年，本书作者张嫱于清华大学新闻与传播学院获得博士学位，博士论文《新媒介环境中的受众研究——以虚拟社区中的追星族为例》，是国内第一篇研究粉丝的博士学术论文。

2007 年，香港城市大学岳晓东博士先后在大陆和香港出版了《我是你的粉丝——透视青少年偶像崇拜》和《追星与粉丝——青少年偶像崇拜探析》两本研究粉丝追星著作。

2008 年 1 月，陈冠希“艳照门”丑闻事件，数百张陈冠希与阿娇、张柏芝等 10 多位女明星不雅照出现在网络上。

2008 年 5 月，“2008 上海同人展”成功举办。

2008 年 11 月，负面粉丝媒体报道：网络爆出韩国东方神起乐队成员沈昌珉殴打中国孕妇的事件，“仙后”（东方神起乐队的粉丝）力挺沈昌珉并发表了一系列辱骂中国的言论，也由此引发了百度魔兽世界吧发起的“圣战”爆吧行动。

2008 年，为纪念周星驰从影 20 周年，周星驰粉丝“星星帮”以自由行的方式，在 50 多个周星驰拍过戏的真实地点角色扮演，模仿周星驰在戏中的造型及经典镜头。

2009 年，日本三丽鸥广受欢迎的产品 Hello Kitty 推出 35 周年纪念。

2009 年春晚，二人转演员小沈阳借小品《不差钱》一炮走红；来自台湾的魔术师刘谦表演近景魔术，在观众网络票选“最佳《春晚》节目”中，赢得“曲艺、其他类”节目第一名。

2009 年 2 月，北京大学出版社出版了陶东风编著的《粉丝文化读本》一书，选录欧美迷研究经典学术文章。

2009 年 3 月，本书作者张嫱在中国传媒大学音乐传播系讲授“偶像崇拜与粉丝文化研究”课程，这是国内大学开设粉丝文化研究专业课程的首例。

2009 年 3 月，“中国动漫网”举办第五届“金面具 cosplay 大赛”。

2009 年 6 月，负面粉丝媒体报道：成龙在日本第三次遭影迷扇耳光事件，此前成龙曾在日本遭遇过两次类似的耳光事件，却没能找出“黑手”。

2009年6月，迈克尔·杰克逊的去世让全世界支持他的歌迷都非常悲痛，有媒体报道，他的12名粉丝不堪忍受巨星的离去而选择自杀。

2009 年 7 月，香港无线电视和亚洲电视先后推出歌唱选秀节目《超级巨声》及《亚洲星光大道》。

2009年7月，好莱坞大片《变形金刚2》推出，中国服饰品牌美特斯·邦威首度以品牌置入的方式在国际大片中出现数个镜头，美特斯·邦威在全国2 000多家专卖店开设变形金刚专区，变形金刚动画版产品服饰热卖。

2009 年 8 月，刘德华承认与朱丽倩结婚，并在官方网站上向粉丝致歉。

2009 年夏，“快女”曾轶可在争议中遭到淘汰，成为当年人气最高的选秀歌手。

2009 年，微博崛起，成为粉丝与偶像沟通的直接平台。李宇春、小沈阳、李冰冰相继开博。

2010 年，好莱坞大片《阿凡达》放映档期延长，截至 2010 年 3 月初，国内票房超过 12 亿元人民币。

后记 我是谁的粉？你是谁的粉？

我的法国朋友伊莎知道我在写一本关于粉丝的书后，很激动地抓着我的手臂说，那你一定要写我老公的故事。她和老公原来都是律师，但是她老公在1988年见到一位法国著名高级服装设计师，并拿到他的亲笔签名，从此他的命运发生了改变。克里斯汀·拉克鲁瓦（Christian Lacroix）是巴黎著名的设计奇才，这个以他命名的品牌在法国与迪奥、香奈儿齐名。伊莎的老公让－菲利普（Jean-Philippe Pons）一直都是拉克鲁瓦的粉丝，他在1988年见到拉克鲁瓦后，开始写信给他，从设计建议到心灵交流都有。在通信近十年后，让－菲利普建议拉克鲁瓦做一个十年设计回顾展，他们两位而且见了一面。那次见面对让－菲利普来说仍然历历在目，他还记得自己当时穿了件黑色的西装配上橘色的马甲，那次见面宛如通向梦想的起点。虽然这个建议没有落实，十年来让－菲利普在工作中更多地接触与学习法国时尚文化。终于有一天他接到拉克鲁瓦的电话：我要办一个回顾展，只有你最了解我，还是你来主办吧。从来没有策展经验的让－菲利普，在这个20年回顾展览中完整呈现拉克鲁瓦的设计全貌，从此，深获拉克鲁瓦信任的他成为这个品牌的艺术总监。2010年上海世博会的活动中，“灰姑娘”表演的服饰就是由让－菲利普及拉克鲁瓦参与设计的。而伊莎也离开了律师业，到北京帽儿胡同婉容皇后的故居开了一家结合京味与法国味道的时尚概念店。身材娇小的伊莎很有穿着品味，是我的逛街好伙伴。其实，粉丝因为偶像而改变命运的例子，中外都有，比比皆是。

每个人在知道我研究粉丝后，通常会问，那你是谁的粉？这个问题总让我难以回答，研究粉丝，自己却从来没有迷上一个偶像。我可以列出一长串我喜欢的偶像名单：我喜欢张国荣的温柔、梁朝伟的帅、姚明矫健的身手、安吉丽娜·朱莉的主动大胆、布拉德·皮特的微笑、蒙古乐队杭盖沙哑苍劲的歌声……

其实，很多人跟我一样，可以在许多偶像明星身上找到喜欢的一点，而不是在一个人身上找到全部喜欢的元素。那是因为我们在不同偶像身上，抓到自己向往的感觉，从我喜欢的偶像名单中，你已经可以拼凑出我还有我喜欢的人的特质：我喜欢主动做自己又时尚的女生；我喜欢温柔又有阳光气息的运动男生；我向往开放的心胸与广大一望无际的辽阔草原。读到这里，那么你呢？你喜欢谁呢？找出喜欢的人的名单，可以更了解自己喔。

研究粉丝，我喜欢从现象入手，在挖掘过程中找到人性与欲望，找到粉丝经济规律，从而掌握社会潮流与脉动。从 Hello Kitty 身上，我们找到航空业还有麦当劳，以这只不说话的猫咪带出人们纯真一面的秘密。在微博上，在人们絮絮叨叨的留言与照片中，我们发现这些日常生活的痕迹无非是肯定我们存在的证据。我拍故我在，我写故我在，我微博故我在。同样地，我在故我写，我在故我微博。我们不断追求真正的自我，江山代有媒介出，所有的媒介，不过都是扮演着“为我服务”的功能，所有成功的媒介，都能让使用者充分达到“以我为核心”。

这本书是我的第一本著作，是过去 15 年来，我从美国波士顿大学到北京清华大学，从美国广播公司北京办事处到美联社电视台北京分社，途经香港两年后再回到北京的总结。我见证了北京从申奥失败到奥运成功举办、科技泡沫、香港回归、中国崛起。奥运前后的北京，生生不息，建筑工地里的电焊工们用火光照亮黑夜，首都不打烊，世界零时差。海归和民工擦肩而过，新旧对立、中西融合、高科技和廉价手工制造、传统与现代、人文与媚俗、欲望与消费、现实与梦想，全部压缩在这个快速发展的城市中。

在这样不平衡的压缩空间中，新旧媒体交汇，虚拟现实融合，文化创意处处，有时却昙花一现。电视台选秀节目成为造星机器，大量生产偶像，粉丝遍地开花，爆发无限激情。2005 年的玉米狂潮，挑起了我的新闻敏感，解密粉丝，却入迷于粉丝无止尽的创意中。粉丝创意，是多元社会的写照，而粉丝，正是驱动创意的源头。

摄影/梁永光

电视受众老龄化，平民意识出头，网络和视频，改变精英说话的方式。代代有新媒体出现，旧媒体并没有被取代，只是功能发生了转变，在媒介环境中找到新的生存位置；面对新媒体，人们自动找到适用模式，我们是改变媒介景观的关键。相较于欧美和港台，大陆传统媒体仍有生存空间，掌握话语权，中央和地方，各有特色，呈现独特的媒介面貌，更是欧美传播学者关注的焦点。中国模式，全球瞩目。粉丝研究，在国外已有 30 年历史，更是欧美著名商学院研究消费潮流的经典案例，在大陆，我的清华大学博士论文还是第一本探讨迷研究的学术专著。

在写书的过程中，我深深体会媒介变迁面貌丰富，人们媒介消费行为复杂，深受情绪和欲望的支配，还有媒介机构和企业的操控。这本书也是过去几年写作过程的总结，从国际媒体人到创意人，横跨两岸三地，记录了我的思考演变过程。在多年记者的专业素养中，我从观察记录社会脉动到提出自己的解读。在首都北京，更有幸面对中西荟萃、各方思想聚集的契机，获益匪浅。

这本书结合传播学和品牌营销理念，在勾勒粉丝媒介消费行为规律中，建构粉丝经济理论架构，为当前复杂多变的创意社会，提出品牌营销参考坐标。本书六章在试图描绘当前媒介景观下，结合理论和中国实践，解密粉丝密码，提出适应新媒介环境的品牌媒介生存之道。当前全球政府和企业莫不重视发展文化创意产业，希望从微利的制造业向文化创意产业升级，开发有设计有态度的高端产品，然而创意诞生于多元宽容的社会，粉丝是主动的生产消费者，积极发挥创造力，推动创意社会，希望这本书为认识粉丝面貌，打开一扇窗口。

这本书奠基于我的博士论文《新媒介环境中的受众研究——以虚拟社区中的追星族为例》(2007)。中英文内容曾于以下国际会议及学术刊物发表：国际传播学会（International Communication Association）2007 年年会、亚洲研究学会（Association for Asian Studies）2007 年年会、国际传播学界核心期刊《理论、文化和社会》(Theory, Culture and Society）2007 年于日本东京大学举办 25 周年年会、中国传播学会与中国传媒大学举办的 2007 中国传播学论坛、《英国创意产业学刊》(Creative Industry Journal）(2009)、英国威斯敏斯特大学 2009 年中国传媒中心年会。

感谢我的清华大学博士生导师熊澄宇，还有受访玉米、粉丝、我的学生们以及同学、朋友、老师们，包括贺志刚、黄锫坚、展江、曾遂今、郭大为、李筱雯、肖亚辉、简妙如、魏文彬、吕宁思、王吉鹏、王伟忠、刘小康、郭咏茵，天窗文化的出版人孙海玉和编辑许迎辉，本书摄影乡有人（Arito Go）、梁永光（Mark Leong）、郝笑天等，助理陈艺清，图书设计何颖宜（Rania Ho）还有各国专家Ian Kivk、Alan Moore，学者金麦克（Michael Keane）、霍金斯（John Howkins）等，感谢家人的支持，感谢伊莎让我独家披露她老公与拉克鲁瓦的故事。

《粉丝力量大》
作者：张嫱

图书在版编目（CIP）数据

粉丝力量大／张嫱著.
北京：中国人民大学出版社，2010
ISBN 978-7-300-12068-3

I. ①粉...
II. ①张...
III. ①偶像崇拜——研究
IV. ①B933

中国版本图书馆CIP数据核字（2010）第076653号

粉丝力量大

张嫱 著

出版发行	中国人民大学出版社		
社　址	北京中关村大街31号	**邮政编码**	100080
电　话	010-62511242（总编室）		010-62511398（质管部）
	010-82501766（邮购部）		010-62514148（门市部）
	010-62515195（发行公司）		010-62515275（盗版举报）
网　址	http://www.crup.com.cn		
	http://www.ttrnet.com（人大教研网）		
经　销	新华书店		
印　刷	北京市易丰印刷有限责任公司		
规　格	170mm×210mm　16开本	**版　次**	2010年8月第1版
印　张	14.25	**印　次**	2010年8月第1次印刷
字　数	120 000	**定　价**	38.00元